U0513045

百年经典学术丛刊

史 学 要 论

著

李 大 钊

上海古籍出版社

图书在版编目(CIP)数据

史学要论 / 李大钊著. -- 上海：上海古籍出版社，
2025. 5. --（百年经典学术丛刊）. -- ISBN 978-7
-5732-1558-1

Ⅰ. K0

中国国家版本馆 CIP 数据核字第 2025MQ0265 号

百年经典学术丛刊

史学要论

李大钊　著

上海古籍出版社出版发行

（上海市闵行区号景路 159 弄 1-5 号 A 座 5F　邮政编码 201101）

（1）网址：www. guji. com. cn

（2）E-mail：guji1@guji. com. cn

（3）易文网网址：www. ewen. co

浙江临安曙光印务有限公司印刷

开本 890×1240　1/32　印张 6.125　插页 3　字数 153,000

2025 年 5 月第 1 版　2025 年 5 月第 1 次印刷

印数：1—1,100

ISBN 978-7-5732-1558-1

K·3827　定价：25.00 元

如有质量问题,请与承印公司联系

出 版 说 明

　　李大钊(1889—1927),字守常,直隶省(今河北省)乐亭县人。幼入私塾,受过良好的旧学教育。1905 年清政府废科举后入永平府中学堂,接受新式教育。1907 年考入天津北洋法政学堂,同年秋,加入北洋法政学会,是学会会刊《言治》月刊主编之一。1913 年 6 月赴北京任《法言报》编辑,同年底赴日本留学,次年 9 月入早稻田大学政治经济学科本科学习,开始系统地研究西方资产阶级政治经济学说。

　　辛亥革命后,李大钊开始逐渐放弃资产阶级改良主义思想,转而接受资产阶级革命思想。面对民国初年混乱的社会现实,在对中国前途命运的探索之中,他对俄国十月革命展开深入研究,渐渐接受社会主义思潮而转变为马克思主义者,并一步步走上新民主主义革命的道路。李大钊不仅在革命实践中致力于将马克思主义与中国实际相结合,同时也致力于马克思主义在文化学术中的中国化。1920 年 7 月,李大钊受聘为北京大学教授,在北大史学系讲授"唯物史观研究"课程,在这期间,李大钊发表了一系列研究唯物史观和科学社会主义的文章,1923年 11 月在上海《民国日报》副刊《觉悟》上发表的《史学概论》一文,可以说是其长期致力于马克思主义学说中国化的理论结晶,是李大钊作为学术大师的代表著作。1924 年 5 月,商务印书馆将《史学要论》作为百科小丛书之第 51 种出版,署名李守常。

　　改革开放以后,《史学要论》渐渐引起学术界重视,先后被收入《李大钊全集》《李大钊选集》《李大钊史学论集》等,此外"商务印书馆文库"

及河北教育出版社的"二十世纪中国史学名著"系列亦有收录,使得本书得以广泛流传,嘉惠学林。本次出版以 1924 年商务印书馆百科小丛书本为底本,并增入《史学思想史》系列讲义 9 篇及《我的马克思主义观》《史学与哲学》《史学概论》三文。

上海古籍出版社

2025 年 1 月

目　　录

史 学 要 论

一、什 么 是 历 史

吾人自束发受书，一听见"历史"这个名辞，便联想到《二十四史》，《二十一史》，《十七史》，《史记》，《紫阳纲目》，《资治通鉴》，乃至Herodotus，Grote诸人作的希腊史等等。以为这些便是中国人的历史，希腊人的历史。我们如欲研究中国史，希腊史，便要在这些东西上去研究；这些东西以外，更没有中国史希腊史了。但是历史这样东西，是人类生活的行程，是人类生活的联续，是人类生活的变迁，是人类生活的传演，是有生命的东西，是活的东西，是进步的东西，是发展的东西，是周流变动的东西；他不是些陈编，不是些故纸，不是僵石，不是枯骨，不是死的东西，不是印成呆板的东西。我们所研究的，应该是活的历史，不是死的历史；活的历史，只能在人的生活里去得，不能在故纸堆里去寻。

不错，我们若想研究中国的历史，像那《史记》咧，《二十四史》咧，《紫阳纲目》咧，《资治通鉴》咧，乃至其他种种历史的纪录；都是很丰富，很重要的材料，必须要广搜，要精选，要确考，要整理。但是他们无论怎样重要，只能说是历史的纪录，是研究历史必要的材料；不能说他们就是历史。这些卷帙，册案，图表，典籍，全是这活的历史一部分的缩影，而不是这活的历史的本体。这活的历史,固屹然存在于这些故纸陈编的堆积以外,而有他的永续的生命。譬如我们要想研究中国,或是日本,固然要尽量搜集许多关于中国或日本的记载与著作,供我们研究的材料;但不能指某人所作的现代中国,说这就是中国;指某人所作的现代日本,说这就是日本。我们要想研究列宁,或是罗素,固然要尽量搜集许多关于列宁或罗素的记载与著作,供我们研究的资料;但不能指某人所作的列宁传,说这就是列宁;某人所作的罗素传,说这就是罗素。那记载中国或日本的事物的编册以外,俨然有个活的中国,活的日本在;那列宁或是罗素的传记以外,俨然有个活的列宁,活的罗素在。准此以推,许多死的纪录,典籍,表册,档案以外,亦俨然有个活的历史在。从前许多人为历史下定义,都是为历史的纪录下定义,不是为历史下定义;这种定义,只能告我们以什么构成历史的纪录,历史的典籍;不能告我们以什么是历史。我们当于此类纪录以外,另找真实的历史,生活的历史。

什么是活的历史,真的历史呢? 简明一句话,历史就是人类的生活并为其产物的文化。因为人类的生活并为其产物的文化,是进步的,发展的,常常变动的;所以换一句话,亦可以说历史就是社会的变革。这样说来,把人类的生活整个的纵着去看,便是历史;横着去看,便是社会。历史与社会,同其内容,同其实质,只是观察的方面不同罢了。今欲把历史与社会的概念弄得明明白白,最好把马克思(Karl Marx)的历史观略述一述。马克思述他的历史观,常把历史和社会关联在一起;纵着看人间的变迁,便是历史;横着看人间的现在,便是社会。马克思的历史观,普通称为唯物史观,又称为经济的历史观。唯物史观的名称,乃是马克思的朋友,恩格斯(Engles),在一八七七年开始用的。在一八四八年的《共产党宣言》里,和在一八六七年出版的《资本论》第一卷里,都含着唯物史观的根本原理;而公式的发表出来,乃在一八五九年的经济学批评的序文。在此序文里，马克思似把历史和社会对照着想。他固然未用历史这个名辞，但他所用社会一语，似欲以表示二种概念：按他的意思，社会的变革便是历史。换言之，把人类横着看就是社会，纵着看就是历史。譬之建筑，社会亦有基址与上层：社会的基址，便是经济的构造，——即是经济关系——马克思称之为物质的，或人类的社会的存在；社会的上层，便是法制，政治，宗教，伦理，哲学，艺术等，马克思称之为观念的形态，或人类的意识。基址有了变动，上层亦跟着变动，去适应他们的基址。从来的史学家，欲单从社会的上层说明社会的变革，——历史，——而不顾社会的基址；那样的方法，不能真正理解历史。社会上层，全随经济的基址的变动而变动，故历史非从经济关系上说明不可。这是马克思的历史观的大体。他认横着去看人类，便是社会；纵着去看人类，便是历史。历史就是社会的变动。以经济为中心纵着考察社会变革的，为历史学；对于历史学，横着考察社会的，推马克思的意思，那便是经济学，同时亦是社会学。

依上所述，历史既是整个的人类生活，既是整个的社会的变革；那么凡是社会生活所表现的各体相，均为历史的内容所涵括。因为文化是一个整个的，不容片片段段的割裂。文化生活的各体态，各方面，都有相互结附的关系；不得一部分一部分的割裂着看，亦不得以一部分的生活为历史内容的全体。普通一说历史，便令人想是说社会上的政治，法律和经济；其实道德，学术，宗教，伦理，等等，所谓文化的理想，亦莫不应包含在历史以内。说历史只是政治，法律和经济，已经算是狭隘了；还有一派史学家，只认政治的历史为历史，此外的东西似乎都不包括于历史以内。他们认以政治为中心纵着考察社会变迁的，是历史学；像那福利曼（Freeman）说："历史是过去的政治，政治是现在的历史。"就是这种观念。以政治为中心，即是以国家为中心；国家的行动，每依主权者的行动而表现；故结局他们认以主权者或关系主权者的行动为中心以考察社会的变迁的,为历史学。中国旧史,其中所载,大抵不外帝王爵贵的起居,一家一姓的谱系;而于社会文化方面,则屏之弗录。这样的史书,就是本于历史只是政治,政治只是主权者的行动的见解而成的。马克思认以经济为中心纵着考察社会变革的,为历史学;则对于历史学横着考察社会的,乃为经济学,同时亦是社会学。由此类推,这一派的历史家,既认以政治为中心纵着考察社会变革的,为历史学;则对于历史学横着考察社会的,亦应该为政治学,同时亦是社会学。但在事实上,他们并未想到此点。他们并不注意政治学,社会学,在学问上的性质如何。这一派的历史观与马克思的历史观相同的点有二:(一)同认历史为社会的变革;(二)同认历史学的目的,在与自然科学相等,发见因果律。政治史观派虽有此与马克思相同的二点,其说亦终是站不住。因为政治是次级的,是结果不是原因;不能依此求得历史上的因果律。马克思所以主张以经济为中心考察社会的变革的原故,因为经济关系能如自然科学发见因果律。这样子遂把历史学提到科学的地位。一方面把历史与社会打成一气,看作一个整个的;一方面把人类的生活及其产物的文化,亦看作一个整个的;不容以一部分遗其全体或散其全体。与吾人以一个整个的活泼泼的历史的观念,是吾人不能不感谢马克思的。

这样讲来,我们所谓活的历史,不是些写的纪的东西,乃是些进展的行动的东西。写的纪的,可以任意始终于一定的范围内;而历史的事实的本身,则永远生动无已。不但这整个的历史是活的东西,就是这些写入纪录的历史的事实,亦是生动的,进步的,与时俱变的。只有纪录的卷帙册籍,是印版的,定规的。纪录可以终结的,纪入纪录的历史事实则没有终结;纪录是可以完全的(在理论上是可以完全的,在事实上则完全的亦极少)。纪入纪录的历史事实,则没有完全。不但那全个的历史正在那里生动,就是一个一个的历史的事实亦天天在那里翻新。

有实在的事实,有历史的事实:实在的事实,虽是一趟过去,不可复返的。但是吾人对于那个事实的解喻,是生动无已的,随时变迁的,这样子成了历史的事实。所谓历史的事实,便是解喻中的事实。解喻是活的,是含有进步性的;所以历史的事实,亦是活的,含有进步性的。只有充分的纪录,不算历史的真实;必有充分的解喻,才算历史的真实。历史的真实,亦只是暂时的,要时时定的,要时时变的,不是一成不变的。历史的真实,有二意义:一是说曾经遭遇过的事的纪录是正确的,一是说关于曾经遭遇过的事的解喻是正确的。前者比较的变动少,后者则时时变动。解喻是对于事实的知识,知识是天天增长的,天天扩大的,所以解喻是天天变动的。有实在的过去;有历史的过去:实在的过去,是死了,去了;过去的事,是做了,完了;过去的人,是一瞑长逝,万劫不返了;在他们有何变动,是永不可能了;可以增长扩大的,不是过去的本身,乃是吾人关于过去的知识。过去的人或事的消亡,成就了他们的历史的存在;自从他们消亡的那一俄顷,吾人便已发见之于吾人想象中,保藏之于吾人记忆中;他们便已生存于吾人的记忆中想象中了。吾人保藏之愈益恒久,即发见之愈益完全,即解喻之愈益真切。实在的孔子死了,不能复生了,他的生涯,境遇,行为,丝毫不能变动了;可是那历史的孔子,自从实在的孔子死去的那一天,便已活现于吾人的想象中,潜藏于吾人记忆中,今尚生存于人类历史中,将经万劫而不灭。汉唐时代人们想象中的孔子,与宋明时代人们想象中的孔子,已竟不同了;宋明时代人们想象中的孔子,与现代人们想象中的孔子,又不同了;十年以前,我自己想象中的孔子,与今日我自己想象中的孔子,亦不同了。所以孔子传,基督传,释迦牟尼传,穆罕默德传,不能说不要重作。没有一个历史事实,能有他的完满的历史;即没有一个历史事实,不要不断的改作。这不是因为缺乏充分的材料,与殊特的天才;乃是因为历史的事实本身,便是一个新史产生者。一时代有一时代比较进步的历史观,一

时代有一时代比较进步的知识;史观与知识不断的进步,人们对于历史
事实的解喻自然要不断的变动。去年的真理,到了今年,便不是真理
了;昨日的真理,到了今日,又不成为真理了。同一历史事实,昔人的解
释与今人的解释不同;同一人也,对于同一的史实,昔年的解释与今年
的解释亦异。此果何故? 即以吾人对于史实的知识与解喻,日在发展
中,日在进步中故。进化论的历史观,修正了退落说的历史观;社会的
历史观,修正了英雄的历史观;经济的历史观,修正了政治的历史观;科
学的历史观,修正了神学的历史观。从前的史书,都认天变地异与神意
有关,与君德有关;现在科学昌明,知道日食一类的事,是天体运行中自
然的现象,既不是什么灾异,亦不关什么神意,更不关什么君德了。从
前的史书,都认火的发见,农业及农器的发明,衣服的制作,为半神的圣
人,如燧人氏,神农氏等的功德;都认黄虞时代,为黄金时代;而由进化
论及进步论的史观以为考察,此等重大的发见,实为人类生活一点一点
的进步的结果:在原人时代,不知几经世纪,几经社会上的多数人有意
无意中积累的发见与应用的结果,始能获享用此文明利器。旧史以之
归于几个半神的圣人的功德,宁能认为合理? 前人为孔子作传,必说孔
子生时有若何奇异祥瑞的征兆,把西狩获麟一类的神话,说得天花灿
烂;我们若在现今为孔子作传,必要注重产生他这思想的社会背景,而
把那些荒正不经的神话一概删除。本着这一副眼光去考察旧史,必定
忍不住要动手改作。一切的历史,不但不怕随时改作,并且都要随时改
作。改作的历史,比以前的必较近真。Grote 作的希腊史,比
Herodotus 的希腊史真确的多,就是这个原故。这不是 Grote 的天才,
比 Herodotus 的天才高;亦不是 Herodotus 比 Grote 爱说谎;时代所
限,无可如何。Herodotus 在他的时代,他只能作到那个地步,再不能
更进了;Grote 在他自己的时代,固然算是尽其最善,但亦不能说是作
到完全。我们固然不能轻于盲拜古人,然亦不可轻于嘲笑古人。历史

要随着他的延长，发展，不断的修补，不断的重作。他同他的前途发展的愈长，他的过去的真实为人们所认识的，愈益明确。中国古人有句话，叫做"温故知新"。普通的解释，就是一面来温故，一面去知新；温故是一事，知新又是一事。但这句话要应用在史学上，便是一件事。温故是知新的手段，知新是温故的目的。改作历史，重新整理历史的材料，都是温故的工夫。在这温的工作中，自然可以得到许多的新知。我们还可以把这句倒装过来说，"知新温故"这就是说拿我们日新月异所进步的知识，去重作历史。"故"的是事实，"新"的是知识。人们对于实在的事实的认识，终不能完全，所以要不断的温；人们对于事实的认识，是一天一天的进步，所以以此去不断的温故的事实，亦必不断的有些新见解涌现出来。这样子我们认识了这永续生存的历史。我们可以用几句最明了的话，说出什么是历史：

"历史不是只纪过去事实的纪录，亦不是只纪过去的政治事实的纪录。历史是亘过去，现在，未来的整个的全人类生活。换句话说，历史是社会的变革。再换句话说，历史是在不断的变革中的人生及为其产物的文化。那些只纪过去事实的纪录，必欲称之为历史；只能称为记述历史，决不是那生活的历史。"

二、什么是历史学

在今日寻历史的真义，虽如上述；而历史这个名辞的起源，则实起于纪录。汉文的"史"，其初义即指秉持典册，职掌记事者而言，再转而有纪录的意义。"历史"在英语为 History，在法语为 Histoire，在义大利语为 Storia，三者同出于希腊语及腊丁语的 Historia，其初义本为"问而知之"；由是而指把问而知之的结果写录出来的东西亦云，遂有纪录的意义了。历史在德语为 Geschichte，在荷兰语为 Geschiedenis，有"发生的事件"的意义。综起来看，"历史"一语的初义，因国而异；而行用既久，滋义甚多，则中国与欧洲诸国同然。但是概括观之，"历史"一语的初义，都是指事件的纪录而言；足征历史学的起源，实起于纪录的历史。纪录的历史，是由记可以流传后世的言行而发生出来的；然其所以记的动机则不必相同：或为使其言行，功业，及其所造的事变，永垂诸世勿使湮没；或将以供政治上的参考，俾为后世的模范与戒鉴；或以满足人们的好奇心，以应其知过去明事物的来历的自然的要求；或以满足其欲知邦家种姓的盛衰兴亡，非常人物的言行经历及其运命的兴味。而其所记的事，又必是有些地方具有特异的性质的：譬如现于水平上的岛屿，耸于云际的山岳，最易惹人们的注意；寻常琐屑的事，则恒不见于纪录。然此种见解，非可适用于今日的历史的情形；欲适用之，则必须附以新解释。今日的历史，不但记述偶然发生的事变，而且记述状态的变迁与沿革；不惟注意例外异常的情形，抑且注意普通一般的事象。历史总是记述以何理由惹人注意的事，至于如何的事才惹人注意，则今古不同。此处所云的历史，是说记述的历史。此类的历史，原是现实发生的各个情形的记述，故其本来的性质，不在就某种事实或对象而为一般的研究，明其性质，究其理法；而在就一一实际的情形，详其颠末，明其来历。即在今日，普通的历史方犹保存此本来的性质；然而今日史学所达的进程，则已不止于单为个个情形的记述与说明。比较的研究，在史学上曾被试用，而历史理论的研究，其目的尤在为关于历史事实一般的说明。

今人一言历史的研究，辄解为沿革的研究，这就是因为认历史是述事物的来历，明其变迁沿革的经过者。通俗谈话，"历史的"这一个形容，表示几种意义，因用的时地不同，而意义亦从之各异：有时单有"过去的"的意味，有时更含有"可记忆的"即"显著""卓越""可传于后世"的意味,如称某人为"历史的"人物,即是此例。把他当作学术上的用语,就是表明一种考察事物的观察法。这种观察法,专寻事物的起源,及过去的变迁,沿革;简单说,于生成发展的关系考察事物,答怎样成了这样的问题,即是历史的考察法。今日论史学的性质,首当注意者,乃为专就生成发展上所研究的事情,即其考察法的"历史的"事情。虽然,只此不能说算是把史学的性质能够充分的明确的决定了。因为史学固有一定的考察法,史学亦有一定的对象。所谓历史考察法,不只能用于人事,即于自然现象,亦能适用之:譬如讲地球的发达,考生物的由来,亦可以说是一种历史的考察;然而那样的研究,不能认为属于史学的范围。史学非就一般事物而为历史的考察者,乃专就人事而研究其生成变化者。史学有一定的对象。对象为何?即是整个的人类生活,即是社会的变革,即是在不断的变革中的人类生活及为其产物的文化。换一句话说,历史学就是研究社会的变革的学问,即是研究在不断的变革中的人生及为其产物的文化的学问。

人以个体而生存,又于种种团体而生存;故人生有为个体的生存,有为团体的生存。人的团体的生存,最显著的例,即是国民的生存;今日史学所研究的主要问题,似为国民的生存的经历。记述为个人生存的经历者,谓之传记;讨究文化的发展者,谓之人文史,亦曰文化史;传记与文化史,虽均为历史的特别种类,然而个人经历与文化发展的研究,亦不能说不是史学范围以内的事。有人说,史学是专研究关于团体的生活者,而不涉及个人的生活。是亦不然,个人生活与团体生活,均于其本身有相当的价值。团体生活的荣枯兴衰,固为吾人所急欲知,所急欲解喻者;而个人的经历与运命,又何尝不一样的感有此兴味?此等要求,盖为吾人自然的要求。且个人生活的研究,不但于其本身有必要;即为团体生活的研究,有时亦非研究个人生活不可。盖个人为构成团体的要素,个人的活动为团体生活的本源,个人在团体的生活中,实亦有其相当的影响,即亦有其相当的意义,故史学不能全置个人于度外。我们固然不迷信英雄,伟人,圣人,王者,说历史是他们造的,寻历史变动的原因于一二个人的生活经历,说他们的思想与事业有旋乾转坤的伟力;但我们亦要就一二个人的言行经历,考察那时造成他们思想或事业的社会的背景。旧历史中,传记的要素颇多,今日的史学,已不那样的重视个人的传记;因为团体的生活,在历史上的意义渐次加重了。然为团体生活的研究,似仍有为传记的研究的必要。

人事的生成发展,不能说不能为演绎的推理的论究,即设某种假设,在其假设之下看如何进行。此种研究法,亦非不可试行于史学;不过史学发展的径路,当初只是沿革的研究,直到今日,才渐知为推理的研究;所以人们多认史学是以事实的研究——沿革的研究——为主的。史学由个个事实的确定,进而求其综合。而当为综合的研究的时顷,一方欲把事实结配适宜,把生成发展的经过活现的描出,组之,成之,再现之;于他一方,则欲明事实相互的因果关系,解释生成发展的历程。由第一点去看,可说史学到某程度其研究的本身含有艺术的性质(不独把历史研究的结果用文学的美文写出来的东西是艺术的作品,就是历史研究的本身亦含有艺术的性质)。由第二点去看,史学的性质,与其他科学全无异趣。实在说起来,所谓事实的组成描出,即在他种科学,亦须作此类的工夫到某程度;所以到某程度含有艺术性质的事,亦不独限于史学,即在地质学,古生物学等,亦何尝不然?

今日的历史学,即是历史科学,亦可称为历史理论。史学的主要目的,本在专取历史的事实而整理之,记述之;嗣又更进一步,而为一般关于史的事实之理论的研究,于已有的记述历史以外,建立历史的一般理论。严正一点说,就是建立历史科学。此种思想,久已广布于世间,这实是史学界的新曙光。

这种严正的历史科学,实际上今尚未能完成其整齐的系统。一般人对于历史科学的观念,仍极泛漠:此种学问所当究论的问题,究竟为何?似尚未有明确的决定。且历史科学(即历史理论)若果成立,他与历史哲学亦必各有其判然当守的界域;直到如今,二者之间并未有明了的界域可守,以致名辞互用,意义混同,律以治学明界的道理,似宜加以分别才是。

历史科学能否于最近的将来完成他的系统?历史科学一旦成立,果为如何的性质?历史科学与历史哲学,究有若何的关系?其界域若何?其考察法的相异何在?历史科学所当研究的事实为何?这都是治史学者所当加意研考的问题。

史学原以历史的事实即是组成人类经历的诸般事实为研究的对象,故调查特殊的历史的事实而确定之,整理之,记述之,实为史学的重要职分。就历史的事实为科学的研究,诚不可不基于就特殊情形所为事实的观察与征验;故特殊史实的精查,乃为史学家的要务。然史学家固不是仅以精查特殊史实而确定之,整理之,即为毕乃能事;须进一步,而于史实间探求其理法。学者于此,则有二说:一说谓史家的职分,不仅在考证个个特殊的史实,以求其明确;而寻实相互的联络,以明其因果的关系,固亦为必要。然考其联络,明其因果关系,以解释史实,说明其发达进化云者,不过是说单就特殊事例的本身所当作的事;至于综合全般的历史以求得一普遍的理法,则非史家所有事。一说则谓史家的职分,不仅在就特殊事例的本身解释史实,更须汇类种种史实,一一类别而为比较,以研究古今东西全般历史的事实,为一般的解释,明普遍的理法,正为史学家的要务。从第一说,则史学家的任务,既不仅在特殊史实的确定,复不在讨究事实的一般性质理法;而在于特殊史实的确定以外,就特殊事例为推理的考察,以解释之,说明之。从第二说,则史学于特殊事实的考证,固宜有浓厚的兴趣,考察在一一现实的时会,史实如何显现?一般的性质,理法,则各别事情之下,如何各别以为发露？而犹不止此，实际于种种形态，于一一现实的时会，所显诸般史实的普通形式，性质，理法，一般的施以讨究，而抽象的表明之，亦为当然属于史学的任务。由是言之，史学不但就特殊事例为推理的考察，并当关于一般为理论的研究。从第一说，则史学与其他诸科性质迥异，而为一种特别的学问；从第二说，则史学实为与其他科学同性质同步调的东西。史学之当为一种科学，在今日已无疑义，不过其发达尚在幼稚罢了。今日史学的现状，尚在努力为关于事实的考证；而其考证，亦只为以欲明此特殊事例的本身为目的的考证，并非以此为究明一般性质理法的手段的考证。由这一点去看，第一说似恰适应于今日历史学问的现状。然知识学问，是进步的，发长的，断无停滞于一境，毫无发展进步的道理。研究史学的人，亦不可自画于此之一境，而谓史学不能侪于科学之列，置一般的理论于史学的范围外，而单以完成记述的历史为务。各种学问的发展，其进展的程级，大率相同：大抵先注意个个特殊事实而确定之，记述之；渐进而注意到事实的相互关系，就个个情形理解之，说明之；再进而于理解说明个个事实以外，又从而概括之，推论之，构成一般关于其研究的系统的理论。史学发展的途程，亦何能外是？史学方在幼稚的时期，刚刚达到就各个事实而为解释说明的地步，自与其他已经达到概括的为理论的研究的科学不同。但此之不同，是程度上的不同，不是性质上的不同；是史学的幼稚，不是史学的特色；只能说史学的发展，尚未达到与其他科学相等的地步，不能说史学的性质及观察点，与其他科学根本相异。

史学既与其他科学在性质上全无二致，那么历史科学当然可以成立。史学的要义有三：（一）社会随时代的经过发达进化，人事的变化推移，健行不息。就他的发达进化的状态，即不静止而不断的移动的过程以为考察，是今日史学的第一要义。（二）就实际发生的事件，一一寻究其证据，以明人事发展进化的真相，是历史的研究的特色。

（三）今日历史的研究，不仅以考证确定零零碎碎的事实为毕乃能事；必须进一步，不把人事看作片片段段的东西；要把人事看作一个整个的，互为因果，互有连锁的东西去考察他。于全般的历史事实的中间，寻求一个普遍的理法，以明事实与事实间的相互的影响与感应。在这种研究中，有时亦许要考证或确定片片段段的事实，但这只是为于全般事实中寻求普遍理法的手段，不能说这便是史学的目的。

有些人对于史学是否为一种科学的问题，终是有些怀疑。他们说历史的学问所研究的对象，在性质上与自然科学等大异其趣，故不能与其他科学同日而语。盖人事现象，极其复杂，每一现象的发生，大抵由种种原因凑合而动，种种事情，皆有交感互应的关系。于一一时会，人类的心理有甚不定的要素存在，其理法不易寻测，其真实的因果关系，不易爬梳；故学者说历史是多元的，历史学含有多元的哲学，今欲于多元的历史的事实发见普遍的原则或理法，终属难能，因之史学一般理论的构成，亦殊不易。此等论难，亦未尝无几分真理，顾吾人所谓史学，与其他诸科学同其性质一其步调者，亦只是就其大体而言。各种科学，随着他的对象的不同，不能不多少具有其特色；而况人事科学与自然科学不可全然同视，人事科学的史学与自然科学自异其趣。然以是之故，遽谓史学缺乏属于一般科学的性质；不能概括推论，就一般史实为理论的研究，吾人亦期期以为不可。人事现象的复杂，于研究上特感困难，亦诚为事实；然不能因为研究困难，遽谓人事科学全不能成立，全不能存在。将史实汇类在一起，而一一抽出其普通的形式，论定其一般的性质，表明普遍的理法，又安见其不能？且在心性的学问，如心理学，及经济学，法律学等人文诸科学，颇极发达，各就其所研究的对象，为一般理论的研究的今日；而犹以人事现象复杂难测为理由，主张就史实为一般理论的研究之不可能，真令人百思不得其解了。世界一切现象，无能逃于理法的支配者。人事界的现象，亦不能无特种的理法，惟俟史家去发见他,确定他了。况且依概括的推论以明一般的理法,较之就个个特殊情形——讨究其凑合而动的种种原因,其事或尚较易。就个个特殊现实的情境,充分的与以解释与说明,史学亦既冒种种困难而为之;今于超乎随着个个事例而起的复杂错综的关系以外,而就全般考其大体以为理解,论者乃视此比较容易的事为不可能,宁非异事?且我们所谓一般的理法,自指存于人事经历的理法而言,非谓于个个特殊事例,常以同一普遍的形态反复表现。在现实个个特殊的时会,种种事情纷纭缠绕,交感互应,实足以妨碍一般的理法以其单纯的形态以为表现。以是之故,此理法常仅被认为一定的倾向。此一定的倾向,有时而为反对的势力所消阻。虽然,此理法的普遍的存在,固毫不容疑,不过在人事关系错综复杂之中,不易考察罢了。

依上所述,我们知道史学的目的,不仅在考证特殊史实,同时更宜为一般的理论的研究;于专以记述论究特殊史实的记述历史以外,尚有讨论一般的性质理法的历史理论,亦不可不成立。历史理论与记述历史,都是一样要紧。史学家固宜努力以求记述历史的整理,同时亦不可不努力于历史理论的研求。而今观于实际,则治史学者,类多致其全力于记述历史的整理,而于一般史实理论的研究,似尚置之度外;即偶有致力于此者,其成功亦甚微小,以致历史科学尚未充分发展至于成形。固然,关于考证个个史实的研究,虽在今日,仍不可忽视;因为历史的事实,总是在发展中,进步中,没有一个历史是完成的。一个纪录的本身,可以始终于一定的范围作一结束,而其所纪录的史实,则常须随着人们的新智识,新发见,加以改正;所以记述历史,亦要不断的改作才是。今日关于考证个个史实的研究,虽然有显著的进步;然就大体上看,犹有极重要的事实遗剩下来,未能充分的以为讨究者,尚不在少;人们所最欲确知而不得其证据者,尚不在少;以是知学者对此之努力,仍不可一日懈。且个个事实的考证,实为一般理论的研究必要的材料。必个个事实的考察,比较的充分施行;而后关于普遍的理法的发见,始能比较的明确。有确实基础的一般理论,必于特殊事实的研究有充分的准备始能构成。于个个事实的研究多尚未能作到比较的充分的今日,而望历史理论的系统完全成立,实在是很难。故在今日,于一般理论必要的准备未成的时候,不能认有确实基础的一般理论完全构成。科学不是能一朝一夕之间即能完成他的系统的。历史科学的系统,其完成亦须经相当的岁月,亦须赖多数学者奋勉的努力。有志于历史理论的研究者,宜先立关于其结构的大体计划,定自己所当研究的范围,由与记述史家不同的立脚点,自选材料,自查事实。历史理论家欲图历史理论的构成,必须抱着为构成历史理论的准备的目的,自己另下一番工夫去作特殊事实的研究。这样子研究的结果,才能作历史理论的基础。同时又须采用生物学,考古学,心理学,社会学,及人文科学等所研究的结果,更以征验于记述历史,历史理论的研究,方能作到好处。今日一般所作的关于特殊事实的研究,乃是专为整理记述历史而下的工夫,合于此目的者便去研究,否者则不蒙顾及。于为整理记述历史毫无必要的事实,容或于构成历史理论非常的要紧;而且同一的事实,在理论史家看来,其观察法与记述历史家不同,必须立在他的特别立脚点以新方法为新研究,方于自己的企图有所裨益。然则为整理普通记述历史所要确定的个个事实,即悉为充分的调查与确定;以供之于理论史家,那样的材料,亦于理论史家无直接的效用。所以理论史家为自己的企图的便利起见,不能不自己下手去作特殊事实的研究;或于记述史家所未顾及的事实加以考证,或于记述史家所曾考证的事实,更依自己的立脚点用新方法以为考察;当自辟蹊径,不当依赖他人;这样的研究下去,历史理论即历史科学,终有完全成立的一日。历史理论实为政治学,伦理学,教育学直接的基础,故史学的成立,于人生修养上很有关系。即于记述历史的研究,亦能示之以轨律,俾得有所准绳,其裨益亦非浅鲜。

真挚的史学者,幸共奋勉以肩负此责任!

三、历史学的系统

　　论到此处,我们要论一论历史理论的系统是由些什么部分组成的了。前边说过,历史理论是以一般就种种史的事实研究其普通的性质及形式,以明一以贯之的理数为目的的。史的事实为何?简约言之,便是构成人类经历的诸般事实。在历史理论上所研究考察的事物全体,即是此人类生活的经历。此处所谓人类生活的经历,不是指那作为一个动物在自然界的人类生存的经历而言,乃是指那为意识的活动的一个社会的生物的人类生活的经历而言。此种意义的人类生活的经历,其性质决非单纯,实为一种复杂的组成物。人类的经历,是一个概括的名称,包括人类在种种范围内团体生活的总合。人类在社会上,为一个人而生存,为氏族的一员而生存,为各种社团的一员而生存,为一国民的一员而生存,为民族的一员而生存,又为全人类的一员而生存。故吾人有个人的生活,有氏族的生活,有种种社团的生活,有国民的生活,有民族的生活,又有人类的生活。人类生活的经历,即由这些种种生活相凑泊相错综而成。我们要想了解人类经历的总体,不能不就此种种生活下一番剖析分解的工夫,一一加以精细的研究。

　　最广义的历史学,可大别为二大部分:一是记述的历史,一是历史理论,即吾人之所谓历史学。严正的历史科学,乃是指此历史理论一部分而言。在记述的历史中,又可分为个人史(即传记),氏族史,社团史,国民史,民族史,人类史六大部分。在历史理论中,亦可分为个人经历论(即比较传记学),氏族经历论,社团经历论,国民经历论,民族经历论,人类经历论六大部分。列表如次:

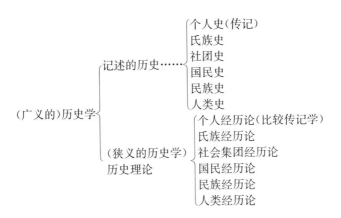

现代史学家多认历史所当治的范域,以社会全体或国民生活的全般为限,故有人谓历史是社会的传记。如此解释,吾人以为失之太狭。个人的生活,氏族的生活,种种社会集团的生活,民族的生活,乃至全人类的生活,都应包括在历史的范围内。

记述历史与历史理论,其考察方法虽不相同;而其所研究的对象,原非异物。故历史理论适应记述史的个人史,氏族史,社团史,国民史,民族史,人类史,亦分为个人经历论,氏族经历论,社团经历论,国民经历论,民族经历论,人类经历论等。为研究的便利起见,故划分范围以为研究。那与其所研究的范围了无关系的事项,则屏之而不使其混入;但有时为使其所研究的范围内的事理愈益明了,不能不涉及其范围以外的事项,则亦不能取不敢越雷池一步的态度。例如英雄豪杰的事功,虽当属之个人史;而以其事与国民经历上很有影响,这亦算是关于国民生活经历的事实,而于国民史上亦当有所论列,故在国民史上亦有时涉及个人氏族或民族的事实。反之社会的情形,如经济状况,政治状况,及氏族的血统等,虽非个人史的范围以内的事;而为明究那个人的生活的经历,及思想的由来,有时不能不考察当时他所生存的社会的背景,及其家系的源流。

记述历史与历史理论,有相辅相助的密切关系,其一的发达进步,于其他的发达进步上有莫大的裨益,莫大的影响。历史理论的系统如能成立,则就个个情形均能据一定的理法以为解释与说明,必能供给记述历史以不可缺的知识,使记述历史愈能成为科学的记述;反之,记述历史的研究果能愈益精确,必能供给历史理论以确实的基础,可以依据的材料,历史理论亦必因之而能愈有进步。二者共进,同臻于健全发达的地步,史学系统才能说是完成。

此外尚有种种特殊的社会现象,史学家于其所研究的事项感有特殊兴趣者,均可自定界域以为历史的研究。例如政治史,法律史,道德史,伦理史,宗教史,经济史,文学史,哲学史,美术史等都是。此种特殊社会现象的历史,自与从普通历史分科出来的个人史,氏族史,社团史,国民史,民族史,人类史等不同。个人史,氏族史等皆是考察叙述活动的主体的人或人群的经历者,与政治史,法律史等不同。政治史,法律史等乃考察一种社会现象本身的经历者。但在以叙述考察人或人群的经历为主的普通历史中,亦未尝不涉及此类特殊的社会现象。例如在国民史中,不能不就国民生活经历的各方面为普泛的考察,自然要涉及国民经济的生活,宗教的生活,伦理的生活等,但在此时,不是以研究经济现象,宗教现象,伦理现象的本身为本旨;单是把经济现象,宗教现象,伦理现象,看作构成国民生活经历的全体的一种要素而叙述之,考察之。至于把经济,宗教,教育,文学,美术等社会现象,当作考察的中心,讨究记述此等社会现象有如何的经历,为如何的发展;不是由普通历史分科出来的诸种历史(如国民史等)的目的。为达这种目的,应该另外有研究记述此等社会现象的历史存在。这特殊社会现象的历史,其目的乃在就为人类社会生存活动的效果的人文现象,即所谓社会现象,一一究其发达进化之迹,而明其经历之由来。其所考察的目的物,不在为活动主体的人或人群的经历与运命,而在人或人群活动的效果。发展进化的经过,其性质与由普通历史分科出来的诸史迥异,不待辩而自明。

综合种种特殊社会现象的历史所考究所叙述者,就其总体以考察记述那样人类于社会活动的产物,以寻其经历而明其进化的由来,关于人文现象的全体以研考其发达的次第者,最宜称为人文史,亦可称为文化史。人文史恰与普通史中的人类史相当。人类史以把人类的经历看作全体,考究叙述,以明人生的真相为目的;人文史则以把人类生存及活动的产物的来历看作总体,考察记述,以明人文究为何物,如何发展而来的为目的。前者综合在种种形式人的生活经历的历史而成,后者则综合种种特殊社会现象的历史而成。二者的性质,皆系包括的,记述的;惟其记述的主旨则各不相同。

对于政治史,经济史,宗教史,教育史,法律史等,记述的特殊社会现象史,已有研究一般理论的学科:对于政治史,则有政治学;对于经济史,则有经济学;对于宗教史,则有宗教学;对于教育史,则有教育学;对于法律史,则有法理学;对于文学史,则有文学;对于哲学史,则有哲学;对于美术史,则有美学;但对于综合这些特殊社会现象,看作一个整个的人文以为考究与记述的人文史,或文化史(亦称文明史),尚有人文学或文化学成立的必要。

现代史学家方在建立中的历史理论,当分为六大部分,已如上述。我们现在要进而略论这些部分的内容了。

第一,人类经历论是研究记述人类总体的经历的部分,但此一部分理论,非到人类史的系统完成后,不能着手研究。将来记述历史分科的研究,日益发达,终能促进人类史及人类经历论的实现。现在有所谓世界史者,其内容与此处所云的人类史不同。这种世界史,不是并叙各国史,即是叙说列国关系的发达;其内容仍为研究国家经历的事实,在学问的性质上,这不过是国民史的一种,决非吾人所说的人类史。传记里边有只叙一人的,亦有并叙数人的;世界史只是一个并叙数国的传记,故宜列入国民史。各部分的研究,实为总体研究的基础;人类史的研究,又为人类经历论的根据,故人类史及人类经历论,是最后成立的一部分。

第二,民族经历论,是比较种种民族的经历,研究普通于一般民族经历的现象的部分。其所研究的范围,举其要者,如民族的盛衰兴灭,其普通的理法安在?原因为何?民族的迁徙移动,本于何因?发生何果?如何的天然情境,人事状态,有以促进之,或妨阻之?其移动常取若何的径路?民族间的交通接触与杂居,于文化上发生若何的影响?民族与民族接触后,若者相安于和平,若者相残于争战,其因果若何?杂居以后,必生混合的种族,混种之影响于文化者又何若?先进民族与浅化民族相接触,在浅化民族方面,发生若何的影响?这都是民族经历论所当研究的问题。

一个民族都有一个民族的特性,即各民族都有其特别的气质,好尚,性能。此民族的特性,果与民族的经历有若何的关系?亦为民族经历论所当研究的事项。我想一个民族的特性,可以造成一个民族的特殊历史。民族特性,即是使各民族各有其特殊的经历的最有力的原动力。而在别一方面,各民族于其生活经历中所起的种种事变,种种经验,有时或助长,养成,发达潜在于该民族特性中固有的特色;有时或反阻抑其发展,甚或有以变化之;故在民族经历论,不可不于此点加以详密的考察。或谓民族特性实为受地理的影响而成者,然此亦非以简单的原因所能解释。一民族特性的成立,固受地理的影响不少,但此外如人种的,经济的关系,亦不能说全无影响。历史是多元的,不是简单的,此理应为史学家所确认。

又如民族经历与民族文化的关系,亦为民族经历论所当论及的问题。民族文化者何?即是民族生存活动的效果,包括于其民族社会发展的人文现象的总体。民族文化的成立,民族的经历实有伟大的影响;

迨民族文化既已发展成熟。却又为决定民族将来经历的重要原素,其间实有密切的关系。民族经历论应细为比较,以明其理法。

民族经历论与人类学人种学不同,又与民族心理学亦各异其性质:人类学是人类其物的理学,是关于人类的本质,现状,及其由来,所为的一般的学术的考究;人种学是考查现在诸人种的特质,及其分布,并其相互关系的学问;皆与历史理论中的民族经历论不同。民族经历论,不是研究人类,亦不是研究人种,乃是关于在民族经历中所显现象的性质及其理法的学术的研究。亦有同一的事实,在民族经历论里要研究他,在人类学里要研究他,在人种学里亦要研究他;但其所研究的事实虽同,而其所以研究的目的各异。例如"移住"这一个事实,在人类学,是为解释人类何以有今日,才去研究他;在人种学,是为说明现时诸人种地理的分布,及人种的相互关系,才去研究他;在民族经历论,则是把他当作构成民族经历的事实,而研究其性质与理法,以明其与别的民族生活上的事实的关系。民族心理学是研究有没有可称为民族的精神的东西?若认定为有,那到底是什么东西的学问?他是以征验于神话,言语,文学,及其他民族文化的种种要素,为其研究调查的主眼。以民族内的生活现象,为其研究的目的。民族经历论所研究者,乃为民族的外的生活,即构成经历的事实。民族心理学是心理学的一种,民族经历论是历史理论的一部。

第三,国民经历论,是就一般研究说明普通于国民生活的现象的部分。兹所谓国民者,即是依政治的统一所结合的人民的团集。于国民经历论中所当论究的问题甚伙,举其要者,略如下述:

国民的成立有种种的原由,其发达状态的主要形式为何?国民的盛衰兴亡,与国土天然的形势,对于他邦的位置,人口的多寡,人民的性质,详细一点说,就是人民的道义,智识,好尚,经济的能力,政治的能力,军事的能力等,有如何的关系?又与政体社会的编制,国内统一调和的程度,宗教,教育,风俗,习惯,并财富的分量,及其分配的状况,交通机关的整备,有如何的关系?英雄豪杰的出现,于国民的发达进步上,有如何的影响?这都是很重要的问题,很应该在国民经历论中讨论的问题。余如由国际的关系国民平和的交际及轧轹争斗等所生的种种结果若何?国民的感情,国民的意志之发展进化,与国民的经历有如何的关系?国民文化即所谓国粹的性质若何?并其基因于过去的国民经历者若何?影响于将来的国民经历者若何?亦应在国民经历论所当研究的范围内。

一国民所认为共同生活的大目的,亦因时因所而有差异。或对于外来的攻袭仅为防卫的准备,或整军经武将以征服人种灭亡人国,或奖励探除以为拓土开疆的远征,或为经济上产业上的侵略以图压服他国,或不求外展只努力于维持国内的平和,凡此者皆因时因地因境遇的不同而常有变迁。又如国体,政体,亦因国而有不同;同一国家,又因今古异势而有变化;凡此变迁,其主要的原因为何?乃至国民的言语,文字,信仰,思想,风俗,习惯的一致,特别是同民族的观念,影响于坚结国民团结的精神上者有如何的效果?这些亦都是应该在国民经历论里所当比较对照以为研究的问题。

国民经历论与政治学亦不相同。政治学的用语,其性质范围,固不可以一概而论;而从其最广义的解释,政治学就是国家学。国家学是专研究国家的学问,他的目的在专以究明政治的现象。在国家学政治学中,多少亦有论到国民的地方;但此不过是为明政治的理论,附带着言其概略,并不专在研究国民的经历。且政治学每置重于直接应用的方面,专在研究适应于现时社会状况的政治组织及其运用,特别注重发达进步的国家编制而详加考察。国民经历论则反是,广搜古今东西的事实而比较对照,以为研究就一般以于国民的经历考究普遍的现象。国家学,政治学,虽与国民经历论有密切的关系;国民经历论的发达与国家学政治学的研究以确实的基础;但二者决非同物,在学问的性质上,不可混而为一。

第四，社团经历论是研究氏族生活国民生活民族生活以外的种种社会集团的生活的部分。这些社会集团，其成立的原因有种种，其发达的程度亦有种种。宗教的团体，如教会等；关于政治，学术，文艺，社交的结社，如政党学会等；为经济的关系而设立的团体，如组合，公司，堂，公所等；这等集团比国民的生活较为薄弱。即有结合较为坚固者，亦不过隐然成为一体，感共同利害，有共同意识，为一致活动到某一定的程度而止。亦有没有巩固的体制的社会集团。例如一国有农民阶级或武士阶级，皆属此类。社会集团有只限于国内者，有为国际的组织者；其范围有极狭隘者，有极广漠者。例如几多的邦国圈，同在一个人文圈内；那个人文圈内的几多国民，像一体似的营共同生活到一定的程度，自然有国际的社会集团发生；就是那个人文圈虽然没有确固的体制，仍不失为一种的社会集团，这就是范围极广的社会集团。把这些种类的社会集团为适当的分类，就构成此等社会集团经历的事实为一般理论的研究，就是社团经历论。在社团经历论里所当研究的问题，就是人在种种社会集团的生活。其所研究的事项，不外种种社会集团的性质，其发生的因由，其主要的形式，因时因地其形态的种种变化，助成或妨阻种种社会集团的成立及其发达的种种要素。

第五，氏族经历论就是于血族或可看作血族者的集团生活讨究普通现象的部分。吾人于个人的生活以外，尚有在氏族的生活，研究此在氏族的生活的性质，考察组成氏族生活经历的事实的理法，即是氏族经历论的任务。此研究当自考察家族及氏的组织，其编制的进化，其结合的维持，所以强固其团结的种种要素，及其致分裂离散解体的种种情状开始；而于关于氏族的盛衰兴亡，氏族的繁殖力等问题，尤宜慎审周详，以为翔实的研考。此外生理上心理上遗传的现象，于氏族生活上的关系，氏的世袭职业资格等，及于其经历上的影响；同氏族者的相互扶助，及其对外的联带责任,因时势的变迁如何以为沿革氏族内部的编制即族长家长与其所属的关系,并一般尊属亲与卑属亲的关系如何? 于种种的国家社会组织氏族自治的范围若何? 相异氏族间的相互关系如何? 族的独立自存与婚姻进化的关系若何? 乃至关于族的分布,迁徙,隐居,养子等问题,均当研究及之。

第六,个人经历论是研究个人生活的普遍现象的部分。就是传记的一般理论,亦可称为比较传记学。凡人的寿命的长短及健康的如何与功业的成否有如何的关系? 人生由生理上心理上社会关系上可分为若干期? 早熟或晚成? 因男女性的不同经历的差异如何? 个人的性格与其经历间有如何相互的关系? 都是于个人经历论所必要调查的事项。个人的生涯人各异趣,几乎千别万差,实则于其差别中亦有一致的点,平等的点。个人生活云者,一般从大体的途径进行,其经历,自有某种普遍的形式,又有在其经历中起于一定阶段的一定的现象,此普遍的形式一定的现象如何? 各人的经历在大体上虽有一致的点,而于细目则有千别万差,果由如何的原因? 人的体质,气质,性能,教育,社会上的位置,职业,所与交际往来的人物,其所遭遇的国家社会的状态,于其经历上有若何的影响? 对于此等疑问,尽力与以解释的,即此个人经历论的主要任务。

在研究的次序上,应以个人经历论为着手点。因为个人的生活,视其他诸种的共同生活为单纯的而根本的,故先详察为诸般共同生活的原素的个人生活经历,然后渐及于关系益加复杂,范围益加广大的种种共同生活的经历,其事简而功效易收。且个人的生活经历,为吾人所亲验习知的事,有无数的实例,陈布于吾人的面前;而个人生活的期间,在较短的时期终结,故得详考其始终而察其因果;以视在民族国民的悠久的生活中寻求因果者,其难易实大悬殊;许多学者从事于此种研究,颇能得利用统计的方法的便利。

历史理论应包含此六部分,而随着分科研究的发达,在此六部分内

或可再分细类,如法律之分为民法,刑法,商法等,今将上述的史学系统,列一详表如次:

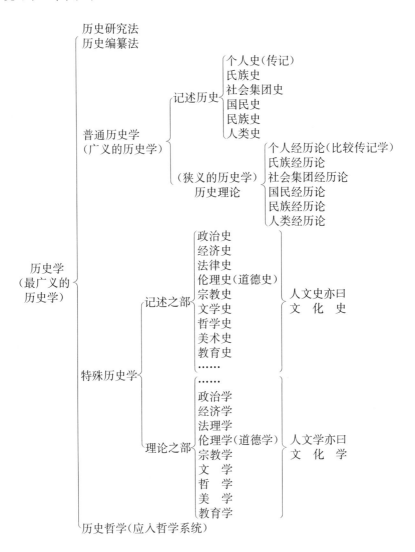

　　历史理论与历史研究法决非同物，但此二者常易相混。有谓历史研究法上的议论为历史理论者，又有称历史研究法为史学原理者，此皆非是。称一种学问的研究法为其学问的理论与原理，实不妥当。学问的理论与原理，是说明一种学问对象的一般的性质，形式，理法者；例如经济学即经济理论，是说明经济现象的一般的性质，形式，理法的；历史学即历史理论，是说明历史现象的一般的性质，形式，理法的；不得云经济理论即是经济学研究法，历史理论即是历史研究法。一种学问的研究法，是说明怎样去研究那种学问对象的性质，形式，理法的方法的；其性质，范围，与一种学问的理论，纯为二物。例如历史研究法，是说明历史学所研究的材料都是些什么？怎样去采集他们，选择他们，编制他们，整理他们？怎样去就史的事实，一一的加以考证，与以确定？怎样去考察事实相互间的因果，而说明之，解释之，明其所以然的道理？怎样去汇类全般的史实，而考察其一般的性质，普通的形式，普遍的理法？更依此理法以为说明与解释，这都是历史法的任务。此外还有一种历史编纂法（Historiography）是说明怎样去依学术的方法以编纂记述的历史？怎样去编制图表？这亦可附属于历史研究法内。由是言之，历史研究法中有一部分是历史理论的方法论，但历史理论的方法论与历史理论的本身，迥非同物；此理不待辨而自明。固然，在历史研究法中，亦当有论及历史理论的地方；但不能据此以为历史理论应该附属于历史研究法的理由。历史研究法是教人应依如何的次第方法去作史学研究的阶梯学问，是史学的辅助学问。历史理论则非别的学问的辅助与预备，实为构成广义的史学的最要部分。当兹历史理论的系统尚未完成确立的时代，每易使人致疑于历史理论就是历史研究法；历史研究法以外，别无历史理论存在的必要，这不能不与以辨明。一以证历史理论之宜独立的存在，一以明二者学问上的性质，告人以不可混同的理由；故特附数言于此。但有一事望读者幸勿误会，我这一段议论，却不是扬理论而抑方法。兹所云云，亦惟在明其性质，毫不含有价值轩轾的意味于其间。研究一种学问方法论的讨究，亦为极要，而且甚难。吾侪治群学史学者，不可不于史学研究法多多致力。

四、史学在科学中的位置

史学，哲学，文学，可称为三姊妹的学问，关系极为密切。溯其原始，三者皆起于古代的神话传说，渐进而流别各殊，然其间终有互相疏通的自然倾向，大有朝宗归一的趋势。

进化的程序，大抵由浑之画，由简之繁；学问的分科别部以为研究，亦是学术进化的必然的结果，于是学者各分疆域，于自己所研究的范域内，专其力以精其业。顾其流弊所趋则于"专""精"之义做到十分，而于"贯通"之义，几付之阙如。学者于此，类皆疆域自守，老死不相往来，以遂其专一的责业，深造的工夫，殆无博征广涉的余暇。即就史，哲，文三者而论，其关系如兹其接近，而欲通其界域，以成相辅相益的关系，犹非易事，况于其他！

文，哲，史三者并举始自倍根 Francis Bacon，倍根以西历一五六〇年一月二十二日生于伦敦 The Strand 街约克馆 York House。所著《学术的发展》*Advancement of Learning*（此书的详名为 *The Two Books of Francis Bacon, of the Proficience and Advancement of Learning, Devine and Humane*），实以一六〇五年秋出版。其时倍根年四十六岁。彼于此书，博观学问的全体，详述当时学问的现状，更论今后尚要于如何的方面益进而为研究。厥后倍根晚年，更以是书为基础，加以补订，于一六二三年复以拉丁文公之当世，即 *De dignitate et augmentis Scientiarum（of the Dignity and Advancement of*

Learning）是。倍根曾把全体学问，分为史学，哲学及诗，鼎足而三。其说即见于上述的二书中。

以其前后二书比较对勘，所论不无异同，缺于彼而见于此者有之。今据其拉丁文本，倍根认依心的能力类别学问为最良的方法，而先分之为历史 Historia（History），诗 Poesis（Poesy），哲学 Philosophia（Philosophy）三者。其意盖谓心灵有三种能力：一曰记忆 Memoria（Memory），二曰想象 Phantasia（Imagination），三曰理性 Ratio（Reason），而以历史为关于记忆者，诗为关于想象者，哲学为关于理性者。彼可分历史为二类：一为自然史 Historia Naturalis（Natural History），一为人事史 Historia Civilis（Civil History），此外如宗教史 Historia Ecclesiastica（Ecclesiastical History），文学史 Historia Literaria（Literary History），倍根则悉纳之于人事史中。倍根视文学史极为重要，以为尚未曾有。他说无文学史，则世界的历史将无特能表现其精神与生命者，正如 Polyphemus（Cyclopes 岛的首长出何美儿 Homer 诗）的像没有眼睛一样。故彼以文学史宜作，而尝论其研究编纂的方法。顾倍根之所谓文学史，非今世所云的文学史，乃为一种学艺史。从倍根的说，则哲学宜分为三部分：其一关于神明 Numen（the Deity），其二关于自然 Natura（Nature），其三关于人 Homo（Human），此外尚须有一为此等部门的本源的普遍的学问谓之 Philosophia Prima，Philosophia Prima 者即第一根源的哲学。倍根之所谓诗，似非韵文的意味，乃指某一种类的文学，即想象假作而叙事者。又其所谓 Philosophia 者，从通例亦译为哲学，实则译作"穷理"，较为稳当。

"De Augmentis"，在西洋思想史上为特可注意的一种；而史，哲，诗的鼎立论，亦于欧洲学问分类法的历史上特别的显著。随着时代的迁移，思想亦生变化。学问发达的程度，既代有不同，从而关于学问的分类，各种学科的位置，自生新的见解。史，哲，诗的三分法，不足以适应当代学问的分类；则有孔德，斯宾塞诸子，起而别创新分类法，以求适应当代学问所达到的程度。即专就历史与哲学而论，今人解此二者，与倍根不同；古时用哲学一语，义颇含括；今则限制谨严，不容泛假，普通所谓科学者，则另外认其存在了。历史一辞，偶有用于关乎自然事物者，即今亦非全无；然在今日，通例一言历史，人即认为专关于人事；且以历史为关于记忆者，哲学为关于理性者，亦为今人所不能满足；古今人关于此二者的解释不同，亦不容含混过去。

史学在欧洲中世以前，几乎全受神学的支配；以为人间的运命，全依神的命令而定；历史的行程，惟以神意与天命为准。那教父奥古士丁（Augustin）的思想，即是这种历史观的代表。所著《神国二十二书》，即是发表这个思想的。其思想直至今日，尚为全世界的基督教所代表。他说历史是由魔国移向神国人间努力的过程。个人于兹世的生活，以应神的思召者为最有价值；国民的活动，亦以尽力于建神的国于地上者始有价值。厥后谷灵蒲（George Grupp）著"文化系统及历史"，即宗此说。在此等时代，神学而外，几无科学之可言。到了十六七世纪顷，宗教的权威，随着文艺复兴的运动，渐归渐灭，所谓启蒙思想，盛行于时。十六世纪中，已有哥白尼（Copernicus）及凯蒲儿（Kepler）出，推翻天动说，建立地动说。入十七世纪，加理略（Galilei）见灯笼摇动，而有摆动法则的发见，奈端（Newton）见苹果落地，而有引力法则的发见。依据引力法则，可以解释一切自然界的现象，唯物论，无神论的宇宙观，人生观，于是乎发端到了康德的时代，他已经想望当有凯蒲儿及奈端其人者，诞生于史学界；迨经孔道西（Condorcet），桑西门（Saint-Simon），孔德（Comte），韦柯（Vico），马克思（Karl Marx）诸哲，先后努力的结果，已于历史发见一定的法则，遂把史学提到与自然科学同等的地位，历史学遂得在科学系统中占有相当的位置。

孔道西认历史是进步的，以智识进步的运动解释历史。他说历史的价值,在供给可以预见将来的材料,但必须发见一种运动的法则,始能据为预见的准则。而孔氏则不惟未曾立下这法则,亦且并未寻求这法则。

桑西门是孔道西的承继者,亦如孔德是桑西门的承继者一样。桑西门继孔道西起,认宇宙一切的现象形成一个统一的全体。吾人于自然现象既可依一定的法则寻出其间的因果关系,历史现象与自然现象何择?何以不能寻出一种如引力法则一样的法则,以于驳杂万状零碎无纪的历史事实中间考察其间的因果关系?换句话说,就是为要把历史学作成一种科学,不可不尽力为历史法则的发见。依此历史法则,不但可以说明过去及现在,并且可以说明将来。他认历史的联续,实亘过去现在及未来而为一个一贯的法则所支配。

桑西门由历史抽绎出来的法则,为组织的时代与批评的时代的递嬗,亦可以说是建设的时代与革命的时代的代嬗。在苏格拉的(Socrates)时代以前;希腊有一个组织的时代;继此而起的,是一个批评的时代,至蛮人侵入的时候止;继此而起的,又是一个组织的时代,此时代由 Charlemagne 时至十五世纪末止;继此而起的,又是一个新批评的时代,此时代由路德时起,以迄于今;继今而起的,必又是一个新组织的时代。

桑西门初受孔道西的影响,把知识的历史观,很强烈的表现于他的初期著作,谓历史的进动,其动因在知识的进步。知识决定宗教,宗教决定政治,故知识决定历史。后来承继这种历史观而发挥光大之者,实为孔德。

厥后桑西门观于法兰西大革命及革命后法兰西的经济情形,其历史观乃一变而重视经济的因子;但其根本原理,即其方法论,并未有所变动。他看革命时的法兰西,政治上虽屡遭激变,而于社会生活的根底,未尝何等可以认出的变化。以知政治形式的如何,于人类生活无何等本质的意义。政治于社会,不过是第二义的;构成社会生活的根底而决定历史者,不是知识,不是宗教,亦不是那建筑在知识上宗教上的政治,实是那致人类生活于可能的产业组织。他于是确立一种历史的法则,认历史过程,惟有经由产业组织的变化才能理解;将来的社会,亦惟依产业发达的倾向才能测度,这是桑西门的经济的历史观。后来把此说发扬光大集其大成者,厥为马克思。

孔德承桑西门的绪余,从知识的进步上考察历史的法则,以成他的"三阶段的法则"(Law of three stages)。孔德认历史的发展,实遵此三阶段的法则而进。不但全个的历史行程是如此的,便是一个知识,一种科学,或是天文学,或是社会学,莫不遵此法则以为进步。所谓三阶段的法则,就是说社会的进化分为三个时期:第一时期,是神学的阶段,或云假设的;第二时期,是玄学的阶段,或云抽象的;第三时期,是科学的阶段,或云实证的。第一阶段,是人智发展的开端,第三阶段是人智发展的终局。这是孔德实证哲学的根本论法,亦即是孔德的学术系统中的社会学的根本理法。

可与桑西门,孔德并称为历史学社会学的先驱者,还有韦柯。他是个义大利人,生于十八世纪。在那个时代,他的学说并未发生若何的影响。后世学者说他的思想,在十八世纪是太早的"时代错误"(Anachronism)。所著《新科学论》(Scienza Nuova),直到十九世纪法兰西革命后,才由 Michelet 译成法文,他的思想,在史学界才发生了影响。

韦柯立志想把社会的研究放在那依笛卡儿(Descartes)奈端辈的成绩所确保的确实基础上。他的根本观念,在谓社会历史的发明解释,须寻之于人类精神。世界与其说先是想出来的,不如说先是觉出来的,这便是生存于自然状态没有政治组织的原人的情境;第二期的精神状态,是想象的知识,亦可说是诗的智慧,英雄时代(Heroic age)的半开社会,恰当于此境;最后是概念的知识,适当于开明时代。这亦可以说是韦柯的"三阶段的法则"。他认各种社会皆须经过此三期。每一期的知识状态,可以决定那一期的法律,制度,言语,文学,并人类的品德与性质。他主张社会是一期衰退,一期昌明,依螺旋状的运动(Spiral Movement),循环着向前进步。

唯物论的历史观,有两派可以代表,一派是海尔革(Hellwald)及席克(Seeck)等的进化论派,一派是马克思及恩格斯(Engels)辈的经济学派。

海氏著有《自然的发展上的文化史》(一八七五年),席氏著有《古代世界衰亡史》(今已出至五卷,一八九四年——一九一三年),都以生物学上的根本法则解释历史。

马克思一派,则以物质的生产关系为社会构造的基础,决定一切社会构造的上层。故社会的生产方法一有变动,则那个社会的政治,法律,伦理,学艺等等,悉随之变动,以求适应于此新经变动的经济生活。故法律,伦理等,不能决定经济,而经济能决定法律伦理等。这就是马克思等找出来的历史的根本理法。

这样子历史学在科学上得有相当的位置。治史学者,亦得有法则可循。后来有一派学者起来,不以此为满足。他们以为历史学虽依此得有在科学中的位置,但此位置终系比附自然科学而取得的;于是努力提倡一种精神科学,使与自然科学对立。作这种运动的先驱者,首为翁特(Wundt),余如兰蒲瑞西(Lamprecht),亦欲依此方法定历史的学问的性质。然翁特等所主张的精神科学,由学问的性质上说,亦与自然科学等是以法则的发见为其目的。固然,依翁特的见解虽等是说因果的法则,但为精神科学的目的者是内的法则,与自然科学所研究的外的因果法迥异。然自学问的性质上看,二者之间,终无大差。这个运动,仍不能给历史学以对于自然科学得有独立的位置的保证。于是又有继翁特精神科学的运动而起者,则德国西南学派的文化科学运动是。

德国西南学派,亦称巴丹学派,与马尔布尔西学派同以新康德派见称于世。此派创始于文蝶儿班德(W. Windelband),而理恺尔特(H. Rickert)实大成之。余如梅理士(G. Mehlis),拉士克(E. Lask)等,皆为此派的中坚。今也,文氏终老,拉氏亦复战死于疆场,西南学派的重镇,屈指数来,不能不推理梅二氏了。

此派的历史哲学,亦称为新理想主义的历史哲学。这种运动,就是主张于自然科学外建立历史的科学,即文化科学的运动。自然科学的对象,即是自然。自然为物,同一者可使多次反复,换句话说,就是说同一者可使从一般的法则反复回演,如斯者以之为学问的对象,不能加以否认;因而自然科学的成立,亦易得有基础。然学问的对象,于可使几度反复回演者外,还有只是一回起一趟过者:这不是一般的东西,乃是特殊的东西;不是从法则者,乃是持个性者,是即历史。应该于自然科学外,另立文化科学,即是历史的科学以研究之。自然科学的对象为自然,文化科学的对象为文化;自然是一般的东西,故须用一般化的方法研究之,文化是持个性者,故须用个性化的方法研究之;自然不含有价值,故用离于价值的方法,文化含有价值的意味,故用价值关系的方法。他们不把历史看作法则学,却把历史看作事实学。这文化科学能够成立与否,现方在学者研究讨论中。这是史学在科学系统中发展的径路。

五、史学与其相关学问的关系

与史学有较近的关系的学问,大别可分为六类:

第一类,言语学,文学。

第二类,哲学,心理学,论理学,伦理学,美学,教育学,宗教学。

第三类，政治学，经济学，法律学，社会学，统计学。

第四类，人类学，人种学，土俗学，考古学，金石学，古书学，古文学书。

第五类，关于自然现象的诸种科学，及其应用诸科学（包含医学工学等）。

第六类，地理学。

在上所举的与史学有关系的学问中，我只择出文学哲学社会学三种，说一说他们与史学的关系；因为这三种学问，与史学的关系尤为密切。

甲、史学与文学

古者文史相通，一言历史，即联想到班马的文章，这是因为文史的发源，都源古代的神话与传说的原故。这些神话与传记的记载，即是古代的文学，亦是古代的历史；故文史不分，相沿下来，纂著历史的人，必为长于文学的人。其实研究历史的学者，不必为文豪，为诗人；而且就史实为科学的研究，与其要诗人狂热的情感，毋宁要科学家冷静的头脑。至于记述历史的编著，自以历史文学家执笔为宜。因为文学家的笔墨，能美术的描写历史的事实，绘影绘声，期于活现当日的实况。但为此亦须有其限度，即以诗人狂热的情热生动历史的事实，应以不铺张或淹没事实为准。这样子编成的历史，含有两种性质：一方是历史的文学，一方是历史科学的资料。

现代的报纸，其性质亦与史相近。有人说在某种意义，历史可以说是过去的报章，报章可以说是现在的历史。这话亦有些道理。作报的人要有文学的天才，亦要有史学的知识。这样子做报，那作出的报章，才是未来史家的绝好材料。

乙、史学与哲学

史学与哲学的关系，得从两个异点考察之：第一，史学与哲学伊古以来曾于实际有如何的关系？二者之间，事实上有如何相互的影响与感应？第二，二者由其研究的性质上有如何相互的关系？前者谓之历史上的关系，后者谓之性质上的关系。今欲研究二者历史上的关系，其事非我的能力所能胜。兹但就其性质上的关系，由二者的立脚点分别以为观察。

（一）以史学为主对于哲学的关系

（1）史学的对象，既为人生与其产物的文化，则为文化一要素的哲学，当然亦在史学的对象中。研究历史者，有时要研考一时代的文学，美术，宗教，道德，法律，政治，经济，有时亦要研考一时代的哲学思想的由来，及其变迁沿革，并其与其他文化诸要素发展进化的相互关系，乃至其及于国性民德的影响感应等。

（2）史学家应否有一个一定的历史观，言人人殊。或谓史家宜虚怀若谷，以冷空的智慧，观察史实；不宜豫存一先入为主的历史观。此言殊未尽然，史实纷纭，浩如烟海，倘治史实者不有一个合理的历史观供其依据，那真是一部十七史，将从何处说起？必且治丝益棼，茫无头绪。而况历史观的构成，半由于学问智识的陶养，半由于其人的环境与气质的趋倾，无论何人，总于不知不觉之中，有他的历史观在那里存在。夫历史观乃解析史实的公分母，其于认事实的价值，寻绎其相互连锁的关系，施行大量的综合。实为必要的主观的要因。然则史学家而有一种历史观，其事非概可指斥，不过要提防着过于偏执的或误谬的历史观就是了。然则历史观果何由而成呢？这固然与其人的气质，癖性，所处的境遇，所遭的时势有关；而过去或当代的哲学思想，直接间接有以陶熔而感化他的力量，亦不在少。然则哲学实为可以指导史的研究决定其一般倾向的历史观的一个主要的渊源。

（3）历史理论为寻得究竟的假设，与一般原理的阐明，不能不求助于历史哲学，有时尚不能不求助于一般哲学。

（4）史学研究法与一般论理学（含有认识论及一般方法论）或智识哲学有相关涉的地方。

（二）以哲学为主对于史学的关系

（1）哲学要亘人生界自然界宇宙一切现象为统一的考察。历史事实既为人生现象，当然属于哲学考量的对象中而为其一部分。若于一哲学系统中，不列入历史事实，则其系统决非完全。

（2）哲学门中，人生哲学或历史哲学，特有关于历史事实。其研究虽与特殊科学的学科异其考察法，其性质亦不相同；然非以特殊科学的史学的研究为基础，适当的斟酌采取其结果，则其根据决不确固。

（3）凡于特殊科学的研究上所能得的一般的见解，常有含蓄哲学的要素或暗示哲学的思索者，其影响感应每能及于哲学。哲学固能对于特殊科学供给一般的原理及根本观念，特殊科学亦能供给哲学以某种观察的方法，思考的方法。这些方法，多足以启示其新进路。哲学由数学物理学乃至生物学的发达进步所受的影响感化，盖不为少。史的研究（虽称为国家学社会学的研究者，苟其性质为历史的，即以纳于史的研究中为当。）的发达进步，亦有给新观察法思考法于哲学的思索而助其进步的地方。

（4）某一国家某一时代的哲学，恒与其国家其时代的社会情状一般人文的形态有密切的关系。欲明此关系，正当的理解过去及现在的哲学系统的位置，与以适当的评判，以有一般历史的确实知识为必要。

（5）一个哲学家的思想，与其人的体质，人格，教育，环境，及一般的经验，均有关系。苟欲澈知其人思想的由来，必须就其人的气质，品性，家系，血统，乃至亲缘，师友，一一加以考察。此等考察即传记的研究，为史学上的研究之一种。其研究方法，须合于史学研究法一般的原理。

（6）哲学史即是历史的一种类。关于哲学思想的生成发展的研究,其性质亦为一种历史的研究,而属于史学研究法所能应用的范围中。

综上所论,则知史学与哲学,实非漠不相关。二者于研究的性质上,有互相辅助的关系。

今为明了其关系起见,特为列表如下:

史学与哲学的关系
- 历史上的关系……史学对于哲学
  1 史学亦以哲学为其研究的对象
  2 史学家恒由哲学得来历史观
  3 历史理论求其究竟的假设一般原理的阐明于哲学
  4 史学研究法与一般论理学或智识哲学有关涉
- 性质上的关系……哲学对于史学
  1 历史事实属于哲学应该考量的对象中
  2 人生哲学历史哲学尤须以史学研究的结果为基础
  3 哲学可由历史的研究得来某种观察法与考量法
  4 为明哲学与一般社会及人文状态的关系以一般历史的知识为必要
  5 为知各哲学家的学说与其人物的经历的关系有施行传记的研究适用史学研究法的必要
  6 哲学史的研究亦为一种历史的研究

史学与哲学在学问上的接触实集中于两点:一为哲学史,一为历史哲学。

哲学史普通虽看作哲学的学科之一,同时亦可以说在史学的范围内。其所研究的对象,虽为哲学;而其观察法,则为历史的。由其研究的性质上言之,亦实为一种的历史,只以其所研究的对象与普通历史不同,故人们觉着他似与普通历史大异其趣。然欲研究哲学史,必先搜集史料,下一番选择批判的工夫,由是而确定事实(凡所表明的思想所主倡的学说均包含之),综合之以明其生成发展的关系,其研究亦为一种史的研究,与他种历史上的研究大体上毫无差异。

哲学史的主要史料,当为学者的著书。凡关于著书的真伪,笔写校刊时所生的字句的变动,窜入,脱误,撰述的年代,地方,原因,动机,种种研究，皆与一般史料的研究同其性质，可以适用同一的研究法。

哲学史家欲——考察哲学家的为人及其经历；欲知其与其所怀抱的哲学思想有何等的关系，须为传记的研究。当此时会，与普通作传记的研究的历史家立于同样的地位，作同样的工作。

一个哲学家考察一般文化的状态社会的情境与哲学思想的关系，不止于研究哲学思想的本身，同时亦有就一般研究的问题行某程度某范围的研究的必要。为应自己研究的特别目的，就一般历史上的某特别事项，不能得到精细确实的依据时；有时亦要自己下手，搜集根本史料，作一番新研究。这样看来，哲学史家同时要具哲学家史学家的二种资格。

把哲学当作文化的一要素去看，哲学的历史，当然为构成文化史的一部分者，由哲学与诸般科学的关系上去看，哲学的历史，当然是学术史思想史的主要部分。但哲学史不但可以包括于此等范围更广的历史中，即其本身亦固有可以独立的存在的理由。

历史哲学是由统一的见地而观察历史事实者，是依哲学的考察，就人生及为其产物的文化为根本的说明深透的解释者。

在严密的意义上的历史哲学，不当视为属于一个特殊科学的史学，当视为构成哲学的一部分者。于科学的考察与哲学的考察间，当立区别，而防二者的混同，这固然不错；然欲截然分清，则亦势所难能。盖以二者关系的亲密，方有事于此科的研究，自然的易涉及于彼科的研究。

历史哲学一语，若于严正的意义用之，则为哲学组织的一部分，非能难于哲学系统而别自存在者，即非可属于一个特殊科学的史学范围内者；然于严正意义的历史科学（即历史理论），亦非能为哲学组织的一部分，非可存于哲学系统中，而当与记述历史等共包括于广义的史学内。从来习例，哲学一语，每致被人泛用；故于历史哲学，亦常有人以广义解之，漠然视为泛称关于历史事实的理论的考察者。如傅林特

(Flint)所称的历史哲学,其概念即极其广泛。兹将其为历史哲学所下的定义,抄译于下:

> The philosophy of history is not a something separated from the facts of history, but a something contained in them. The more a man gets into the meaning of them, the more he gets into it, and it into him; for it is simply the meaning, the rational interpretation, the knowledge of the true nature and essential relations of the facts.

> 历史哲学不是一些从历史事实分离出来的东西,乃是一些包蕴在历史事实里边的东西。一个人愈深入于历史事实的意义中,愈能深入于历史哲学中,即历史哲学愈能深喻于其理智;因为历史哲学纯是些历史事实的真实性质与根本关系之意义之合理的解释之智识而已。

有些史学家则谓历史哲学一语不宜泛用。夫既于自然科学外认心性及人事诸科学存在,而此心性及人事诸科学纵令与哲学有极密切的关系,而以既已看作为离于严正的哲学而存在者以上,则为指示一个当属于人事科学的研究,而用哲学一语,终不妥当。关于历史事实的理论的研究,若为科学的,则不称之为历史哲学,而当以他名赐之,此说颇有道理。为划清学问的界范起见,似宜限定历史哲学的意义,使与历史科学分开,不相混合,以避误解。

哲学的考察与科学的考察,本来不同。哲学的考察,是就一切事物达到某统一的见地,由其见地观察诸般事物的本性及原则者;而科学的考察,则限于必要时,假定某原则定理,专本于特殊研究以说明某种特定事物的性质及理法者。二者之间既有区别,则于就历史事实的哲学的考察,即是历史哲学,与就历史事实的科学的考察,即是历史科学间,亦不可不加以区别。

严正的历史哲学与历史科学间的关系,恰如严正的自然哲学与物理学间的关系。翁特认自然哲学为其哲学系统的一部。此以哲学系统的一部而存在的自然哲学,与以一特殊科学而存在的物理学,自不能不异其趣。历史哲学与历史科学之关系亦然。从前亦有人用自然哲学一语为物理学的别名者,今则无之;而历史哲学与历史科学的界域不清,名辞互用,虽在今日,犹尚有然。

吾人于科学之外,还要哲学,还要攻究世界的原理就全体而与吾人以统一的智识关于一切事物为根本的说明之哲学。在哲学的完全组织中,基于世界的原理,由统一的见地,特就历史事实与以根本的说明之一部分,亦为不可缺者。故吾人于历史科学之外,承认为哲学组织的一部之历史哲学存在,承认二者不可偏废。研究历史哲学,是哲学家的责任;研究历史科学,是史学家的责任。然二者之间,固有极密切的关系,其互相辅助互相资益的地方甚多。历史哲学,有时要借重历史科学研究的结果,利用其所供给的材料;历史科学,研究到根本问题的时候,亦要依据历史哲学所阐明的深奥高远的原理,以求其启发与指导。惟以于研究的性质,于考察的方法,有所差异的原故,不能加以区别。

傅林特则谓科学与哲学二语互相代用亦无不可,于二者间严立界域,不惟不能,抑且不可;因为区别二者过严,则有泯视科学与哲学的亲密关系的顾虑。夫谓科学与哲学,不能截然分离,固亦未尝无相当的理由;然为研究的便利起见,而限定其性质与范围,似亦科学分类上之所许。

有一派哲学家,于哲学问题中特别看重智识的批评之问题。这一派人自然要认历史的智识的批评为历史哲学的主要问题。此事曩不为学者所注意,近始注意及之。这批评的论究,即智识学的论究,今后将日益精微,诚为最堪属望之一事;然若以历史哲学的任务,为专在论究历史的智识的批评,即形式的批评,此外更无其他应当研究的问题,则未免强历史哲学的广大范围以纳于狭小的局部,而没却其本来的领域,殆非通论。不错,这种形式的批评的论究,于实行历史哲学实质的建设的论究,亦诚为必要;其应该存在,亦为吾人所承认;但他只是历史哲学之准备的研究,入门的初步,不能说他就是历史哲学的全体。

历史哲学所当究论的问题,到底是些什么问题呢? 大体言之,历史哲学所当究论的问题,应是些比在历史学上所究论的,更普遍,更渊深,更根本的问题。历史学与历史哲学间的差异,如果止于此点,人且疑为这仅是程度上的事;抑知二者之间,尚有更重要的性质上的差别在。原来科学之所穷,即哲学之所始。凡历史事实之非历史科学所能探究,所能解释的问题,都归历史哲学的领域。即凡历史事实之须从哲学的见地基于世界全体的原理以根本的说明其本性及原则者,都为历史哲学所当研究的问题。例如历史事实究竟的本性如何? 历史事实的根本原则如何? 历史事实或于各个或于全体究竟有如何的意义? 这些问题,都是历史哲学领域内的问题。

史学是研究人生及其产物的文化的学问,哲学亦是研究人生根本问题的学问,二者原有密切的关系。吾人对于人生现象,有时只靠科学的说明,不能满足;则进而求之于哲学,以期得一比较普遍而根本的解决,这亦是自然的要求。例如由统一的见地去看人生果为如何者? 于个人于氏族于国民于民族乃至于人类的人生,各为构成全体的部分,果有特定的意义吗? 果有特定的天职吗? 人类的经历果有一个前定的轨道吗? 宇宙间果有一个能豫想的大意匠吗? 人生果不能说是和作梦一样吗? 所谓历史事实,吾人所认识的,果是真实的? 还是幻妄的? 人事的现象,果真有如吾人所认识的形式与内容吗? 人事果然是受一定的主宰者的统制,遵着他的根本大法以为运行的呢? 还是乱哄哄的瞎碰一气漂流在那无计划无方向的运命的海里,"譬彼舟流不知所届"呢? 一个人,一氏族,一国家,一民族,乃至全人类的荣枯,兴亡,盛衰,隆替,果然是命也如此，无可如何呢？还是祸福吉凶，惟人自召呢？茫茫人事，果于不识不知中，由某点进行向某点归宿吗？人生果有目的吗？历史果有目的吗？人事的纷纭变化，果然是依单纯原理的发展而表现出来的吗？所谓历史于世界的进步者，毕竟可认为有何价值有何意义而可理解吗？吾人于纷纷扰扰的生活中，少一驰思于物外，凝想于心中，这些问题，必要自然的发生而不能遏止。骤见之虽似空漠无用，其实皆为关于人生最切要的问题，吾人亦安能忍而不思求一解释？关于此等问题的解答，宜先根据认识论上一般的考察，精察其何者为人智所终不能知，何者可试为推论思议到如何的程度。于其终非人智所及知者，则说明其所以不能为人智所及知的理，所谓"知之为知之不知为不知是知也"；于其可试为推论思议到某程度者，则进而为推论思议至于其所能几的程度。这正是哲学家的任务。此等关于历史事实的根本原理原则的研究，应归入历史哲学的范围。被历史哲学的名辞于此等问题的研究，最为稳当。此等属于哲学家范围内的研究，史学家固不必强为包揽，而哲学家则宜引己任。至若史学家于就历史事实为科学的研究之余暇，亦欲试为历史哲学的研究；或以哲学名世之人，亦欲就历史事实试其科学的考证，皆为无妨，或且必要。不过为明学术分界以图是等研究的健全发展起见，不能不立历史学与历史哲学的区别而已。

丙、史学与社会学

史学与社会学有密切的关系，其理至明，无待赘论。现今所要论的，是历史学与社会学是否同物？倘非同物，其异点安在？既有了社会学，历史理论的一学科，还有没有成立的必要？设使历史学（即是历史理论）这一学科一旦完全成立，那与他性质最近的社会学，还有没有存在的必要？某学者说历史不是汇集过去所起的各种类的事件的东西，乃是人类社会的科学。近顷世人虽造出社会学一语，然此与 Histoire 实为同物。历史是研究社会事实的学问，所以就是社会学。虽然，吾人终认二者之间，有些不同；终以为不可认作全为同物。不错，社会学所研究的对象是社会，历史学所研究的对象亦是社会；社会学的起原，实亦起于历史上理论的考察，是由欲于历史寻出理法的动机自然发生出来的东西；桑西门是寻求理法于历史的一人，所以他又是一个社会学先驱者；孔德是寻求理法于历史的一人，所以他亦是一个社会学先驱者；韦柯亦然，但吾人不能以此而遂不认其间有相异的性质。历史学的目的，在考察人类社会生活的经历，及其变革；而社会学乃在人类社会生活的结合，及其组织。历史学是就人及人群的生活经历为理论的研究，以寻其理法者；社会学是就人群的共同生存的一切社会现象，为理论的研究，以寻其理法者。简明的说，历史学是把人类社会的生活纵起来研究的学问，社会学是把人类社会的生活横起来研究的学问。吾人若欲把人事现象充分的施行科学的研究，二者悉所必要。自其学问的性质上说，二者有相资相倚的关系，自不待言。

六、现代史学的研究及
于人生态度的影响

凡是一种学问，或是一种知识，必于人生有用，才是真的学问，真的知识；否则不能说他是学问，或是知识。历史学是研究人类生活及其产物的文化的学问，自然与人生有密切的关系；史学既能成为一种学问，一种知识，自然亦要于人生有用才是。依我看来，现代史学的研究，及于人生态度的影响很大。第一，史学能陶炼吾人于科学的态度。所谓科学的态度，有二要点：一为尊疑，一为重据，史学家即以此二者为可宝贵的信条。凡遇一种材料，必要怀疑他，批评他，选择他，找他的确实的证据；有了确实的证据，然后对于此等事实方能置信；根据这确有证据的事实所编成的纪录,所说明的理法,才算比较的近于真理,比较的可信。凡学都所以求真,而历史为尤然。这种求真的态度,薰陶渐渍,深入于人的心性;则可造成一种认真的习性,凡事都要脚踏实地去作,不驰于空想,不骛于虚声,而惟以求真的态度作踏实的工夫。以此态度求学,则真理可明;以此态度作事,则功业可就,史学的影响于人生态度,其力有若此者。因此有一班学者,遂谓史学的研究日趋严重,是人类的精神渐即老成的征兆。在智力的少年时期,世界于他们是新奇的,是足以炫夺心目的,使他们不易起热烈的研究世界的过去的兴味。生活于他们是一个冒险,世界于他们是一个探险的所在,他们不很注意人间曾经作过的事物,却注意到那些将来人类所可作的事物。为的是奋兴他们,历史似应作成一个传奇小说的样子,以燃烧他们的想象;无须作成一个哲学的样子,以启悟他们的明慧。这样的奋往向前欢迎将来的少年精神,诚足以令人活跃,令人飞腾,然若只管活跃,只管飞腾,而不留心所据的场所,是否实地;则其将来的企图,都为空笔,都为梦想。本求迈远腾高,结局反困蹶于空虚的境界,而不能于实地进行一步。而在有训练与觉醒的老成的精神则不然,他们很知道世界给与吾人以机会的俄顷,必有些限制潜伏于此机会之下以与之俱。这些限制,吾人必须了喻,有时且必须屈服。所以他们很热心的去研究过去,解喻人生,以期获得一种哲学的明慧,去照澈人生经过的道路,以同情于人类所曾作过的事而致合理的生活于可能的境界。史学的研究,即所以扩大他们对于过去的同情,促进他们的合理的生活的。研究历史的趣味的盛行,是一个时代正在生长成熟正在寻求聪明而且感奋的对于人生的大观的征兆。这种智力的老成,并于奋勇冒险的精神,不但未有以消阻,而且反有以增进,一样可以寻出一种新世界,供他们冒险的试验。立在过去的世界上,寻出来的新世界,是真的,实的,脚踏实地可以达到的;那梦想将来所见的新世界,是虚的,假的,只有在"乌托邦""无何有之乡"里可以描写的。过去一段的历史,恰如"时"在人生世界上建筑起来的一座高楼,里边一层一层的陈列着我们人类累代相传下来的家珍国宝。这一座高楼,只有生长成熟踏践实地的健足,才能拾级而升,把凡所经过的层级所陈的珍宝,一览无遗;然后上临绝顶,登楼四望,无限的将来的远景,不尽的人生的大观,才能比较的眺望清楚。在这种光景中,可以认识出来人生前进的大路。我们登这过去的崇楼登的愈高,愈能把未来人生的光景及其道路,认识的愈清。无限的未来世界,只有在过去的崇楼顶上,才能看得清楚;无限的过去的崇楼,只有老成练达踏实奋进的健足,才能登得上去。一切过去,都是供我们利用的材料。我们的将来,是我们凭借过去的材料现在的劳作创造出来的。这是现代史学给我们的科学的态度。这种科学的态度,造成我们脚踏实地的人生观。从前史学未发达的时代,人们只是在过去的纪录里去找历史,以为历史只是过去的事迹。现代的史学告我们以有生命的历史不是这些过去的纪录。有生命的历史,实是一个亘过去现在未来的全人类的生活。过去现在未来是一线贯下来的。这一线贯下来的时间里的历史的人生,是一趟过的,是一直向前进的,不容我们徘徊审顾的。历史的进路,纵然有时一盛一衰一衰一盛的作螺旋状的运动,但此亦是循环着前进的,上升的,不是循环着停滞的,亦不是循环着逆返的,退落的,这样子给我们以一个进步的世界观。我们既认定世界是进步的,历史是进步的,我们在此进步的世界中,历史中,即不应该悲观,不应该拜古,只应该欢天喜地的在这只容一趟过的大路上向前行走,前途有我们的光明,将来有我们的黄金世界。这是现代史学给我们的乐天努进的人生观。旧历史观认历史是神造的,是天命的,天生圣人则世运昌明,天降鞠凶则丧乱无已,本着这种史观所编的历史,全把那皇帝王公侯伯世爵这等特权阶级放在神权保护之下。使一般人民对于所遭的丧乱,所受的艰难,是暴虐,是篡窃,是焚杀,是淫掠,不但不能反抗,抑且不敢怨恨，"臣罪当诛，天王明圣"，无论其所受的痛苦，惨酷到如何地步，亦只能感恩，只能颂德，只能发出"昊天不吊"的哀诉，"我生不辰"的悲吟而已；在这种历史中，所能找出来的，只是些上帝，皇天，圣人，王者，决找不到我们的自己，这种历史全把人们的个性，消泯于麻木不仁的状态中，只有老老实实的听人宰割而已。新历史观及本着新历史观编成的历史则不然，他教吾人以社会生活的动因，不在"赫赫""皇矣"的天神，不在"天亶""天纵"的圣哲，乃在社会的生存的本身。一个智识的发见，技术的发明，乃至把是等发见发明致之于实用，都是像我们一样的社会上的人人劳作的结果。这种生活技术的进步，变动了社会的全生活，改进了历史的阶段。这种历史观，导引我们在历史中发见了我们的世界，发见了我们的自己，使我们自觉我们自己的权威，知道过去的历史，就是我们这样的人人共同造出来的，现在乃至将来的历史，亦还是如此。即吾人浏览史乘，读到英雄豪杰为国家为民族舍身效命以为牺牲的地方，亦能认识出来这一班所谓英雄所谓豪杰的人物，并非有与常人有何殊异，只是他们感觉到这社会的要求敏锐些，想要满足这社会的要求的情绪热烈些，所以挺身而起为社会献身，在历史上留下可歌可哭的悲剧，壮剧。我们后世读史者不觉对之感奋兴起，自然而然的发生一种敬仰心，引起"有为者亦若是"的情绪，愿为社会先驱的决心亦于是乎油然而起了。这是由史学的研究引出来的舜人亦人感奋兴起的情绪。自然，随着史学研究的利益，亦有些弊害影响到我们心性上的。例如治史学的人，临事遇物，常好迟疑审顾，且往往为琐屑末节所拘，不能达观其大者远者，这不能不说是随着史学研究发生的弊害。但若稍窥哲学的门径，此等弊害，均能以哲学的通识达观药之，稍一注意，即能避免。吾信历史中有我们的人生，有我们的世界，有我们的自己，吾故以此小册为历史学作宣传，煽扬吾人对于历史学研究的兴趣，亦便是煽扬吾人向历史中寻找人生寻找世界寻找自己的兴趣。

史　　观^①

　　人类的历史,果何自始? 曰,不知所自始。果何由终? 曰,不知所由终。在此无始无终,奔驰前涌的历史长流中,乃有我,乃有我的生活,前途渺渺,后顾茫茫,苟不明察历史的性象,以知所趋向,则我之人生,将毫无意义,靡所适从,有如荒海穷洋,孤舟泛泊,而失所归依。故历史观者,实为人生的准据,欲得一正确的人生观,必先得一正确的历史观。

　　吾兹之所谓历史,非指过去的陈编而言。过去的陈编,汗牛充栋,于治史学者亦诚不失为丰富参考的资料,然决非吾兹所谓活泼泼的有生命的历史。吾兹所云,乃与"社会"同质而异观的历史。同一吾人所托以生存的社会,纵以观之,则为历史,横以观之,则为社会。横观则收之于现在,纵观则放之于往古。此之历史,即是社会的时间的性象。一切史的知识,都依他为事实,一切史学的研究,都以他为对象,一切史的纪录,都为他所占领。他不是僵石,不是枯骨,不是故纸,不是陈编,乃是亘过去、现在、未来、永世生存的人类全生命。对于此种历史的解释或概念,即此之所谓历史观,亦可云为一种的社会观。

　　古昔的历史观,大抵宗于神道,归于天命,而带有宗教的气味。当时的哲人,都以为人类的运命实为神所命定。国社的治乱兴衰,人生的吉祥祸福,一遵神定的法则而行,天命而外,无所谓历史的法则。即偶

<hr/>

　　① 本文及其后除《"今"与"古"》(二) 之外的 9 篇文章为李大钊在北京大学开设的"史学思想史"课程的部分讲义,由北京大学出版部讲义课印刷,时间为 1923 年 12 月至 1924 年 7 月间。其中《史观》最早印刷,时间为 1923 年 12 月 8 日至 20 日。

有重视王者、圣人、英雄、豪杰而崇之以为具有旋乾转坤的伟力神德者，亦皆认他们为聪睿天亶，嵩生岳降，仰托神灵的庇佑以临治斯民。故凡伟人的历史观、圣贤的历史观、王者的历史观、英雄的历史观、道德的历史观、教化的历史观，均与神权的历史观、天命的历史观，有密接相依的关系。后世科学日进，史学界亦渐放曙光。康德之流已既想望凯蒲拉儿(Kepler)、奈端(Newton)其人者诞生于史学界，而期其发见一种历史的法则，如引力法则者然。厥后名贤迭起，如孔道西，如桑西门，如韦柯，如孔德，如马克思，皆以努力以求历史法则之发见为己任而终能有成，跻后起的历史学、社会学于科学之列，竟造成学术界一大伟业。厥后德国"西南学派"虽崛起而为文化科学即历史学与自然科学对立的运动，亦终不能撼摇史学在科学的位置，这不能不归功于马克思诸子的伟业了。

自康德以还，名家巨子努力以求历史法则的发见者，既已实繁有徒，于是历史观亦衍类多端：有神权的历史观，有宗教的历史观，有道德的历史观，有教化的历史观，有圣人的历史观，有王者的历史观，有英雄的历史观，有知识的历史观，有政治的历史观，有经济的历史观，有生物的历史观，有地理的历史观。将此种种依四种的分类法括而纳之：曰，退落的或循环的历史观与进步的历史观；曰，个人的历史观与社会的历史观；曰，精神的历史观与物质的历史观；曰，神教的历史观与人生的历史观。前者以历史行程的价值的本位为准，后三者则以历史进展的动因为准。以历史行程的价值的本位为准者，或曰，社会的演展乃由昌盛而日趋衰落，或曰，社会的演展乃如循于一环，周而复始，或曰，社会的演展乃由野僿而日跻开明。以历史进展的动因为准者，则曰，史之进展必有动因。至于动因何在，则又言人人殊：或曰，在个人，如英雄、王者是；或曰，在社会，如知识、经济是；或曰，在精神，如圣神、德化、理念是；或曰，在物质，如地理、人种、经济是；或曰，在神权，如天命、神意是;或曰,在人生,如社会的生产方法,或社会的知识程度是。

历史观本身亦有其历史,其历史亦有一定的倾向。大体言之,由神权的历史观进而为人生的历史观,由精神的历史观进而为物质的历史观,由个人的历史观进而为社会的历史观,由退落的或循环的历史观进而为进步的历史观。神权的、精神的、个人的历史观,多带退落的或循环的历史观的倾向;而人生的、物质的、社会的历史观,则多带进步的历史观的倾向。神权的、精神的、个人的、退落的或循环的历史观可称为旧史观,而人生的、物质的、社会的、进步的历史观则可称为新史观。

实在的事实是一成不变的,而历史事实的知识则是随时变动的;纪录里的历史是印版的,解喻中的历史是生动的。历史观是史实的知识,是史实的解喻。所以历史观是随时变化的,是生动无已的,是含有进步性的。同一史实,一人的解释与他人的解释不同,一时代的解释与他时代的解释不同,甚至同一人也,也于同一史实的解释,昨日的见解与今日的见解不同。此无他,事实是死的,一成不变的,而解喻则是活的,与时俱化的。例如火的发明,衣裳的发明,农业及农器的发明,在原人时代,不知几经世代,经社会上的几多人,于有意无意中发见、应用的结果积累而成者。旧史观则归功于半神人的燧人氏、神农氏等。若由新史观以为解释,则必搜其迹寻其因于社会全体的进化,而断定此半神人为荒诞的虚构。又如孔子的生平事迹,旧史观则必置之于天纵的地位,必注意于西狩获麟一类的神话。若依新史观为他作传,则必把此类荒诞神话一概删除,而特注意于产生他的思想的社会背景。所以历史不怕重作,且必要重作。实在的事实,实在的人物,虽如滔滔逝水,只在历史长途中一淌过去,而历史的事实,历史的人物,则犹永永生动于吾人的脑际,而与史观以俱代。依据人生的史观重作的历史,补正了依据神权的史观作成的历史不少;依据社会的史观重作的历史,补正了依据个人的史观作成的历史不少;依据物质的史观重作的历史,补正了依据精神的史观作成的历史不少；依据进步的史观重作的历史，补正了依据退落的或循环的史观作成的历史不少。历史观的更新，恰如更上一层，以观环列的光景，所造愈高，所观愈广。以今所得，以视古人，往往窃笑其愚，以为如斯浅识都不能解。其实知识有限，如隔丛山，过后思之，以为易事，而在当时，则非其时之知识所能胜。譬如奈端，据以发明引力法则的苹果落地的事实，奈端之前，奈端之后，目睹苹果落地者，何止千百万人，而皆莫喻引力之理，今从史实，亦何足异？根据新史观、新史料，把旧历史一一改作，是现代史学者的责任。

中国自古昔圣哲，即习为托古之说，以自矜重：孔孟之徒，言必称尧舜；老庄之徒，言必称黄帝；墨翟之徒，言必称大禹；许行之徒，言必称神农。此风既倡，后世逸民高歌，诗人梦想，大抵慨念黄、农、虞、夏、无怀、葛天的黄金时代，以重寄其怀古的幽情，而退落的历史观，遂以隐中于人心。其或征诛誓诰，则称帝命；衰乱行吟，则呼昊天；生逢不辰，遭时多故，则思王者，思英雄。而王者英雄之拯世救民，又皆为应运而生、天亶天纵的聪明圣智，而中国哲学家的历史观，遂全为循环的、神权的、伟人的历史观所结晶。一部整个的中国史，迄兹以前，遂全为是等史观所支配，以潜入于人心，深固而不可拔除。时至今日，循环的、退落的、精神的、"唯心的"历史，犹有复活反动的倾势。吾侪治史学于今日的中国，新史观的树立，对于旧史观的抗辩，其兴味正自深切，其责任正自重大。吾愿与治斯学者共策勉之。

桑西门的历史观①

一、桑西门(Saint-Simon)在社会主义思想史上的地位

近世的社会主义，以马克思及恩格尔的社会主义划一新时代。他们以前的社会主义，为空想的社会主义；他们以后的社会主义，为科学的社会主义。这种名称，纯是为分类的便宜而加的，并没有褒贬的意味存于其间。有些人骤见"空想的"一名，便误认这是含有讥嘲的意思，其实"空想的"社会主义和科学的社会主义，不但在社会主义思想史上有一样重要的价值，而且科学的社会主义可以说是空想的社会主义的产儿。

空想的社会主义与科学的社会主义的不同的点，就在两派对于历史的认识的相异——就是历史观的相异。

空想的社会主义者流的社会哲学，为十八世纪启蒙派的社会哲学。他们以为宇宙间有超越时间与空间的绝对的真理在。只靠着诉于人间的理性，就是只要人间能理解此真理，把握此真理，无论何时何所，此真

---

① 本文发表于北京大学《社会科学季刊》第一卷第四号，1923 年 8 月，署名李大钊，与《史学思想史讲义》中《桑西门(Saint-Simon)的历史思想》文字略有不同。

理都能实现。此真理实现之时,即是理想社会实现之时。据他们的见解,为实现理想社会所必要的事,只在发见真理,而以此真理诉于人人的理性;为实现此真理的历史的条件,他们绝不看重。欧文曾说:"过去的世界历史只以表示人间的非合理性,吾人今始向理性的曙光,向人间的魂再生的时代,开始进行。"这话便含有人间的魂、人间的理性能改变历史的进行的意味。结局他们主张依人间理性的力量能以实现社会主义的社会。这是空想派社会主义者的理想的历史观。

科学的社会主义,把他的根据置在唯物史观的上面,依人类历史上发展的过程的研究,于其中发见历史的必然的法则;于此法则之上,主张社会主义的社会必然的到来。由此说来,社会主义的社会,无论人愿要他不愿要他,他是运命的必然的出现,这是历史的命令。

社会主义的思想,由马克思及恩格尔依科学的法则组成系统。以其被认为历史的必然的结果,其主张乃有强固的根据。社会主义的主张,若只以人的理性为根据,力量实极薄弱,正如砂上建筑楼阁一样。今社会主义既立在人类历史的必然行程上,有具有绝大势力的历史为其支撑者;那么社会主义之来临,乃如夜之继日,地球环绕太阳的事实一样确实了。

立在这由空想的社会主义向科学的社会主义进化的程途而为开拓唯物史观的道路者,实为桑西门。

二、桑西门与孔道西(Condorcet)

桑西门是一位浸染于福禄特尔时代的理想而同情于革命精神的自由人道主义者。他的主要师友,为孔道西和些生理学者。他由他们得到两个主要的观念:(一)伦理和政治全以靠物理学为依据;(二)历史是进步的。

孔道西以智识进步的运动解释历史,桑西门亦认此为真理;但他以为孔道西用此原理,嫌狭隘了一点。于是犯了两个错误:(一) 不解宗教的社会的意义;(二) 说中世是前进运动中无用的中歇。桑西门则看出宗教有一自然而合理的社会的任务,不能被认为单纯的害恶。他说明一切现象都有相互的联络的道理:一个宗教的系统,适合于那种科学所出现的社会所达到的科学的阶段;实际上宗教只是科学饰以合于他所满足的感情的需要的一种形式就是了。一个宗教的组织,基于当世科学发展的体态,所以一时代的政治组织,适应于那个时代的宗教的组织。中世的欧洲,不是表示一个无用而且可为太息的蒙昧主义(Obscurantism)的暂时胜利,乃是人类进步上一个有价值的必要阶段。这是一个很重要的时期,一个社会的组织的重要原理,就是教权与俗权间的正当关系,实现于此期间。

限于中世时期,显出是一个陋劣的枝节,于前进运动没有贡献,宁有迟之阻之的中间;"进步"乃暴露于一种批评论之前,说"进步"是一个任意的综合,只是部分的为历史的事实所产生,并不供给保证于将来。限于百科全书派(Encyclopaedic School)的唯理主义者,视宗教为一愚昧而诈欺的麻烦的产物的中间;那"进步论"背后的社会哲学,乃以非科学的而见咎。因为反乎社会现象的密结,他(社会哲学)不承认宗教为这些现象中主要之一,须于"进步"中自行参与而合作。这些见解,把孔道西的理论变成更可承认的样子。

孔道西提议历史的价值,乃在供给可以预见将来的材料。桑西门崇奉此提议为教义,但在孔道西的非科学的方法上,预见将于不可能。为了预告,这运动的法则,必须被发见。而孔道西则不但未曾立下这法则,抑且未曾寻求这法则。那些十八世纪的思想家,把"进步"当作一个立在一个极不充分的推论上的单纯假设,遗留下来;他们的承继者乃依发见一个和引力的物理法则一样确实的社会法则，以求把他提到科学的假设之列，这是桑西门的目的，亦是孔德的目的。我们可以说桑西门是孔道西的承继者，孔德是桑西门的承继者。

三、桑西门的历史法则

依桑西门的见解，宇宙一切的现象，形成一个有统一的全体。各种科学的任务，在各于其特有的范围内，发见其统一，即在探究现象间的因果关系。今于人类的历史，从来称为历史家的人们，把那些驳杂万状骤然一见似无何等联络统一的诸事实，照原样看作个个独立的事实，于此等诸事实中，以特记述说明君主战争等所谓显著的政治现象，就算毕了历史学的能事；此等态度，非全行改正不可。历史的现象，如以之为一个全体而观察之，则以个个独立象而表现的诸现象间，必有何等统一，必有何等因果关系。关于此点，历史现象与自然现象无何所择。恰如自然科学以发见现象间的因果关系为任务，历史学不能不脱于单纯事实记述的范域，而进到因果关系统一之点。换言之，即是不可不以历史为一科学。这样子历史现象间的因果关系弄得明白的时候，历史的法则便能建立。依此法则，凡历史的过程，均能明快以为说明。不宁惟是，被确立的历史法则，不但说明过去及现在，并且说明将来。即依此亦能预测将来的社会如何，将来的历史阶段如何。这样一来，历史的范围，实亘过去、现在及未来，而为一个一贯的法则所支配。

桑西门由历史抽绎出来的法则，为组织的时代与批评的时代的递嬗，亦可以说是建设的时代与革命的时代的递嬗。中世是一个组织的时代。继续此时期的，乃是一个批评的、革命的时代；这个时代，到了现在才渐次终结。继续这个时代的,必是另外一个组织的时代。桑西门既于历史的行程中发见一条导线,他于是能为预告。因为吾人关于宇宙的知识,曾已达到或且现方达到一个在各局部久已不是推测的而是实证的阶段,社会将应之以为变迁;一个新物理学家的宗教将胜过耶教和自然教(Deism);科学家们将扮演中世僧侣所曾扮演的组织者的脚差。

能为桑西门的进步论与以完满的说明的,只有他的弟子巴札尔(Bazard)。他说:按桑西门的说,人类是被认作一个集合的生物,这个集合的生物,在累代的经过间按一种法则——进步的法则——显露其本性。这个法则可称为人种的物理学的法则。这是桑西门所发见的。这是为组织的时代与批评的时代代嬗而成的。他宣传一种对于进步的信仰,认进步为解释历史的关键,为集合的生活的法则。

依桑西门的解释,在一个组织的时代,人类认出一个运命,而协调其一切的能力以达此运命;在一个批评的时代,人类不知有一个标点为共同协赴的鹄的,人们的努力将以消涣与不调。在苏格拉的(Socrates)时代以前,希腊有一个组织的时代,继此时代,乃是一个批评的时代,至于蛮人侵入而止。继此而起的,又是一个组织的时代,此时代由 Charlemagne 至十五世纪末止。复次又来一个新批评时代,此时代由路德时以迄于今日。现在是预备一个必须继起的组织的时代开始的时候了。

四、知识的历史观与
经济的历史观

桑西门有两个历史观:一为知识的历史观,一为经济的历史观。

他的知识的历史观,很强烈的表现于他的初期的著作;嗣后他的思想发生变化,经济的历史观,乃以取而代之。

从桑西门的知识的历史观,则横于历史过程的根底而决定其行程的,惟有知识;依人类知识的程度如何,而附与其特性于历史上的各时期。由一时期向一时期的推移,可求于知识程度的变化中。然人类的知识本身,虽亦能直接成为社会力以决定历史的进行;而在很多的时会,知识常经由宗教云者的伟大社会力以于历史上发生作用。这就是说知识决定宗教,宗教决定历史。本此思想以解释历史,便是知识的历史观,后来承继他的知识的历史观而发扬光大之者厥为孔德。

桑西门曾本此思想以说明现实的历史,先从希腊说起,希腊以有筑在多神教上的社会,故希腊各邦间缺政治的统一;有许多互相歧异的道德系统,而社会的调和乃不能维持。然自苏格拉的出,遂由多神教向一神教的道路。每当历史内一阶段向一阶段推移的时候,随着必有一次显著的社会混乱。由多神教向一神教的推移,遂以演成罗马晚年的社会的混乱,此混乱终依基督教的成立告终,基督教遂以造成中世纪的社会的组织。厥后亚拉伯人科学的知识输入,基督教内部又发生混乱,中世末期的黑暗时代,又复出现;迨经路德的宗教改革,得与当时的知识调和,基督教又被改造,新教时代,于是乎诞生。

厥后桑西门观于法兰西大革命及革命后的法兰西的经济情形,他的历史观,乃一变而重视经济的因子;但其方法论,即根本原论,固未尝有所变动。

法兰西大革命时,几多政治的激变,使桑西门确信国家与社会间有本质上的不同。革命时的法兰西,约二十五年间,遭十度政治的激变。虽曾变革其政治的构造,而于社会生活的根底,未有何等可认的变化。桑西门躬逢这种事实,乃以看出政治形式的如何,实于人类生活无何等本质的意义,于社会不过是第二义的。构成社会生活的根底者，又从而附与其特质于各历史阶级者，不是知识，不是宗教，亦不是建筑于知识宗教之上的政治，实是那致人类物质生活于可能的产业组织。他于是确立一种历史的法则，认历史过程，惟有经由产业组织的变化，才能理解；将来的社会，亦惟依产业发达的倾向，才能测度；这就是他的经济的历史观。后来承此绪余而建立唯物史观的学说者，厥为马克思。

桑西门主张为社会生活的根底而又为历史发展的原动力者，实为产业。他的历史观，就是建筑在这个主张上的。他的社会观，曾于他作的一篇小论文《寓言》（Parable）里，巧妙的表示出来。他的大意，是说假定法兰西突然丧失第一流的学者、艺术家、劳动者，其损失真不在小。因为那些人是法兰西人中最活动的人们，是掌重要的生产供给有益的劳动于科学、艺术、工业方面，致法兰西愈益丰富的人们。他们是社会的精华，于是邦也，贡献独多，赍伟大的声誉，促进其文化的发达而致其繁荣。今骤失之，则法兰西直成为"无魂之体"（Corps sans âme），将不能与其他国民竞争，而沈沦于卑劣的状态。法兰西在此等损失恢复、新人物产生以前，不能不屈忍于此种状态之下。由如此的不幸而谋元气的回复，至少亦要一时代的长时间；而且真能供应有用的劳动的人们，实在是例外的人们，自然不是滥行多多产出例外尤其是这种例外的。又设此等科学、艺术、工业方面的天才的人物，全部保有而无恙，而于一日之中，丧失了皇室宫廷、王公世爵、达官显位、国务大臣、国会议员、元帅、大僧正、大地主等等；荣华世界之中，突遭意外之厄，仁慈的法兰西人，固必有所不忍而顿兴悲悯，然由法兰西国民的生活上言之，此等享有高爵厚禄的人们，纵一时耗丧至于三万人之多，亦只能与国民以感伤的悲痛而已，国民丝毫不因是而陷于不幸。此果何故？其理极明。填此空位的人，实在易得，彼能继承而又想承继此优游阔绰的生活者，固不知其凡几也。

由他这一段话，可以看出他怎样的推崇科学、艺术、产业等，怎样的轻视政治或政治家、僧侣、贵族等了。但在此时，他的社会观，尚不能说是经济的；这里他尚认科学家、艺术家与产业者有同等的价值，以于社会生活有用的分子相待遇。后来著《产业者问答》，他的思想乃益趋于经济的，他才认只有直接从事产业的阶级，是社会的基本阶级；科学家、艺术家等，只有赍健全的社会生活的副次的因子的价值。

什么是产业者阶级呢？在桑西门的意思，以为产业者阶级，是由为生产货财而劳动的农民并手工业者，以及立于此等生产者与消费者间从其需要而掌配给货财的商人，三大部分而成的。

桑西门认进步的标的，在社会的幸福。因为劳动阶级在社会上占多数而且极其重要，所以向此标的进行的第一步，应是劳动阶级运命的改善。这是改造社会中的政治的主要问题，他主张以社会主义解决此问题。

桑西门认产业者阶级为社会的基本阶级，为历史的原动力。他以此阶级的发达及其社会的地位变动，说明法兰西的历史。据他看来，法兰西大革命，是中间阶级的懒惰的所有者阶级利用产业者阶级的实力，以之为台阶以反抗在社会上无何等实力的贵族阶级的支配势力，而图自立于支配者地位的变动。然其结果，被建设的社会，组织未能正当；所以革命以后，社会的混乱与不安，纷至迭起，此等混乱与不安，直到产业者阶级击破所有者阶级掘政治的权力立在社会的最上层的时候，才一扫而清。因为产业者阶级实为社会的富与幸福的创造者，所以他于实质上于形式上都有支配社会的必然性，此为历史过程所证明的。旷观过去的社会历史，别的阶级都丧失其意义；惟独产业者阶级，其意义反以逐渐增加，吾人不能不由这种事实，断言产业者阶级毕竟是最大重要的阶级。

五、桑西门的"黄金时代"观及其世界的国家思想

　　拿破仑没落后，桑西门和他的秘书 Augustin Thierry 合刊一本小册子。在这小册子里，表示他的"黄金时代"观并他的世界的国家思想。他说："诗人的梦想，以为只于太古蒙昧人类原始的时代，才有'黄金时代'。抑知那却不是黄金时代，宁认他为铁时代尚为得当。黄金时代，不在我们背后，乃在我们面前；不在过去，乃在将来。这是社会秩序的完全。我们的祖若父，未曾看见过他；我们的子若孙，将有达到此境的一日；为他们开辟径路，是我们的责任。"他又在此小册子中重新提起 Abbé de Saint-Pierre 废止战争的理想，并且提议一种比 Pierre 的各国同盟更奢望更理想的欧洲新组织。当此时顷，他于那复位的布尔奔朝（Bourbons）在法兰西所建立的议会政治里，看出一个对于政治紊乱的统治权的救济。他想设若将此种政治组织引用到全欧各国，于维持和平的永续上将有长足的进步；设使敌国的英法，成立一个密切的联合，将比较的容易造成一全欧国家，如同英国的平民政治各州政府共戴一议会的政府一样。这就是"人类的巴力门"（Parliament of man）的理想新萌芽。

　　历史的发展，是由孤立向联合进动，由战争向平和进动，由反抗向协合进动。将来的计划，是依科学的原理组织成的协合。中世时代的加特利教教会给吾人以立在一个普遍的教义上的大社会组织的例证，现代的世界亦须是一个社会的组织，但那普遍的主义，将是科学的，不是宗教的。精神的权威，将不存于僧侣，而存于指导科学及公共教育的进步的学者。每一公共生活中的会员，都有应给他的地位与本分。社会由工业劳动者、学者和美术家三级劳动者构成，各阶级优越劳动者的

委任,将依其人的能力以为决定。谓各人的地位完全平等,是无稽之说;基于劳绩的不平等,是合理而必要的。不信任国家的权力,是现代的错误。为提出伟大的理想,图维进步上所必要的革新;一个指导民族势力的权威,是必须的。那样一个组织,将以增进各方面的进步;在科学则以协力,在产业则以望誉,在艺术亦然,因为艺术家将求所以表现他们自己时代的理想与情感。现在已有趋向几分属于此类者的象兆,他的实现,必不是由革命而得,乃是由渐进的改革而得。

历史上显著而最可注意的事实,乃为协合精神的继续的扩张。由家族而都市,而国家,而超国家的教会,更进一步,而包括全人类的广大的联合。前面说过,桑西门派的历史哲学,谓历史实由批评的、破坏的和组织的、建设的二种时代递演代嬗。前期则支配的势力的原理,以战争主义无政府为特征;后期则为宗教所支配,而以服从、献身、协合的精神为特征。此种反拨与结合的精神,乃社会的二大原理。二者的盛衰,依时代的性质。协合(Association)的精神,渐次超越其反对的势力。在原始社会,强者对于弱者施以压迫,是当时主要的情形,这是联合的不完全的结果。但是他的继起的形式,显出一个渐次的和缓。食人风息,继之以奴隶制;奴隶制废,继之以农奴制;农奴制绝,最后又发生资本家工业上的榨取。强者对于弱者的压迫,最后的形式,全靠财产权。对此压迫的救济,在把个人的袭有财产权,由家族移转到国家。将来的社会,必须是社会主义的。协合的原理,是将来社会发展的键。社会的主眼,在生产生活必要品;社会生活的终局目的,"在地球的共同利用"。这是桑西门的世界的国家思想。

六、桑西门的宗教观及其门徒

桑西门于其晚年,发表一篇大著《新基督教》。他作此论文的目的,乃在欲把基督教醇化于单纯而又实质的要素。他于此书，揭明加特利教及普罗铁士坦特教所添附的独断、无用的形式和误谬，加以锐利而警透的批评。他认新信仰当以道德为最重要的东西。他说："新基督教不可不把凡人皆宜为互为兄弟的行为的原理推而及于现世的组织。"桑西门更以近世的语言，详细的说明新基督教。他说："全社会不可不努力于改革最贫阶级的道德的及物质的状态，社会当以能达此目的的最善的法则被组织。"

最使他的门徒感激的，就是此《新基督教》。当他临终之际，他的友生孔德（Auguste Comte）和罗德丽格（Rodrigues）围绕他的床头，他殷殷以此书的希望属托于他们。他说："一切宗教形式不可不消灭，因为加特利教的弱点与缺点既为人所证明，人民全为此教所骗了。宗教不能有自此世界灭亡的事，只是变化罢了。"

桑西门以为新社会的学说，必须不只是由教育与立法所传播的，必须为新宗教所裁决。从前的基督教，不能为此，因为旧基督教是基于物质与精神间的二元论（Dualism）而成者，而且加诅咒于物质。新宗教必须是一元论的（Monistic）。新宗教的原则，简举如下：神是一，神是全体，就是全体是神。他是普遍的爱，自显而为精神与物质。宗教、科学、产业的三界，适合于这个三体一致论（Triad）。

桑西门死后，他的门徒巴札尔（Bazard）和恩范亭（Enfantin）辈，自结一社，成一家族的组织，在 Rue Monsigny 营共产的生活。厥后巴札尔派与恩范亭派分裂，至一八三二年，此宗遂归于消灭。但在当时，其影响所被，亦不为不广了。

孔道西的历史观[①]

孔道西（Condorcet）在《法兰西百科全书》编辑者（Encyclopédie）中是一少年，当时在断头台威胁之下为拥护人类进步的历史而奋斗。

孔道西是涂尔高（Turgot）的友人，并且是为涂氏作传记的人。孔氏以进步的观念的眼光开始为文明史的设计，受涂氏的暗示不少。他的原则，差不多都能在涂氏的学说里去寻。但这些原则，于孔氏都有些新意味；他为之附翼，为之加重，为之说明。涂氏是在考究者的沈静的精神中著作，而孔氏有所言论，则挟豫言家的热情以俱来。他在死亡的影下豫言。他于一七九三年，在潜身匿迹之中，能写出一部乐观的《人类精神进步的史景撮要》（*Sketch of a Historical Picture of the Progress of the Human mind*）。

孔道西是《百科全书》编辑者中的一人，而为《百科全书》编辑者的精神所贯澈。他对于基督教的态度，全与服尔泰（Voltaire）、狄岱鹿（Diderot）相同。涂尔高待遇其所领受的宗教笃恭笃敬。他认天命，虽其所让与于天命的领域，不过是一种文化发展的名誉主席，他是不加影响于议事录，可以消灭的；而其论到基督教的任务与中世文明，他的观察点与其朋辈的观察点间实有所差异。

这两个思想家间较为重要的差异，与两人著作时所处的环境不同

---

① 本文发表于北京大学《社会科学季刊》第二卷第一号，1923年11月，署名李大钊，与《史学思想史讲义》中《孔道西（Condorcet）的历史思想》文字略有不同。

有关连。涂氏不信有猛进的变更的必要,他想在现存制度下确固的改良于法兰西足为惊叹。革命以前,孔道西亦同此主张,但不久此主张便为他的热情所扫尽。美洲自由的胜利,反抗奴制运动的扩大,均足以提高他的自然的乐天主义,巩固他的在进步的教义上的信诚。

他自感生逢不辰,辄以方在孕育的将来自慰。那时太阳将照耀于只有自由人生存除去理性无所谓主人者的大地,暴虐者与奴隶,僧侣并其愚蠢而伪善的器具,将一切归于消灭。他不仅以确认开明与社会幸福的无限进步的确定为满足;他自进而想出其本质,预示其方向,决定其标的,而强要辽远将来的探索。

他的奢望的设计,用他自己的话说出,就是要指出"人类社会上不断的变动,一刹那间所做出的及于次一刹那的影响,并那这样子在不断的改正中人类向真理与幸福的前进"。这种设计,是不能实行的。其不可能,几与有人宣言欲为罗马英雄恺撒(Julius Caesar)著一由生到死的详细的生涯日记一样。他用那样的语言,陈述他的目的,适以显出他对于限域我们关于过去的知识的限制没有了解;就令他认出一个最合式最实用的纲领,他亦不能实行之。然而他的公式,则颇值得记取。

孔氏分文明的时代为十期,就中第十期,实潜存于将来。他不承认他的分类和他的新时代,在重要上不是同等的。而他的历史地图的排列,是以企图不依政治上的大变动而依智识上的重要步骤标其级段著称的。最初三期——原始社会的形成,继之以牧畜时代,又继之以耕稼时代——以希腊的拼音文字终结;第四期,是希腊思想史,迄于亚里士多德时代科学上有限的分类;第五期,智识进步,在罗马统治之下,而遭逢蒙昧的厄难;第六期,是黑暗时代(dark age),一直继续到十字军兴;第七期的意味,是在人类精神上为一革命时代的准备;第八期,以因印刷发明而成就的革命开始,有些书的最良页,发展此种发明的伟大的结果,狄卡儿(Descartes)所影响的科学上的革命,又启发了一个新时代,此时代以法兰西共和国的成立终结。

智识进步的观念，造成社会进步的观念，而留下他的基础。所以孔氏将以智识上的前进，为人种前进的线索，是逻辑的而不可免的。文化的历史，就是启蒙的历史。涂氏以形成各种社会的活动体样的结附，是认此原理；孔氏主张在智力的进步，与自由、道德的进步，并天赋人权的尊重间，有不可解的联合；并为破除偏见主张科学的效果。他断言一切政治上与伦理上的误谬，都起于与物理上的误谬或与对于自然律不了解有密切关连的虚伪理想。他在进步的新学说里，看出一个启蒙的工具，就是对于动摇不稳的偏见的建筑物，与以最后的打击。

在孔氏眼中，文明史的研究，有二用处：一使吾人能建立进步的事实；一将使吾人能决定其方向于将来，由是以增加进步的速率。

孔氏依历史的事实并这些事实所提示的论证，设法指明自然不曾于进步的人类能力的行程上，置有何等条件。向完全的前进运动，只有地球的存在期可与以限制。这运动在速率上或有变动，限于地球在天体中的现位依旧，而此天体的普遍法则，又不曾生出足以剥夺人种前此所享有的能力与富源的变动；他将永不逆行，将永不至于退落到蛮荒的境界。对于此危险的保障，在物理科学上确实的方法的发见，我们若是确知启蒙的不断的进步，我们便可以确知社会的情状的不断的改良。

他说假如社会现象的普遍法则为人所知，预见事变，是可能的。这类法则，从过去的历史中能被查出。孔氏依此陈述，确认他所揭出的人类史的第十期潜存于将来为是；并且宣布那在次代为孔德所果成的理想。但不能说他自己考究出来社会发展的任何法则。他的未来的预见，是基于他的时代的理想与倾向。

除了科学的发见并那道德的发展所依赖的自然法的知识的散布，在他的预言的幻想中，还包有两事：一是战争废止，一是两性平等的理想的实现。至于今日，政治上的两性平等，在开明国家，均已次第见诸施行;而废止战争,亦为实践的政家所认为可以达到的地步。使孔氏至今犹存,当大夸其言已得胜利了。孔氏的社会学说,简括起来,只是平等论。两性平等论,亦系由普通平等论推论而出者。他认政治进步的标的,即在平等。平等是社会的努力的目的——革命的理想。

必须延入考虑的,是人类的众庶——工人的群众,不是那少数靠工人们的劳力生活的人。迄于今兹,工人们曾被历史家、政治家完全蔑视。人类的真实历史,不是少数人的历史。人类种族,是由些全靠他们自己工作的果实生存的家族的群众成立的。历史的纯正的主位,是这些群众,决不是几个伟人。

人可以用法律与制度建立社会的平等,但实际上所得享的平等可以甚不完全;这是孔氏所承认的,而归原于三个要因:(1)财富上的不平等;(2)生计确固并且得以传袭于其家族的人,与那靠自己工作为生并且限于一生涯的人间地位上的不平等;(3)教育上的不平等。他未曾提出何等急进的方法,以救济此艰难。他想此艰难虽不能完全消灭,可以时时渐次趋于减少。他受经济学派的意见的感染甚深,这些经济学派将为卢骚(Rousseau)、马伯来(Mably)、巴布夫(Babeuf)诸人的学说所眷诱,以趋于拥护共产主义或私有财产的废止。

组成一个文明社会的多数个人间的平等以外,孔氏又冥想地球上一切人民间的平等———种遍于全世界的统一的文化,并先进种族与未开种族间差别的消灭。他预言后进的民族,将爬上法、美的地位,因为无何民族当受责罚至永不能验试其理性。假使那人性完全不为任何制限所防围的教义既经承认,这是逻辑上必然的推论。这是哲学家间流行的理想之一。

孔氏更不踌躇的为冒险的推测,以谓人的物理的组织可以改进;而依医药科学的前进,人的生命亦可得一相当的延长。又谓即使人类的大脑力的范围是不变的,而其精神的动作的界域,精密与速度,将由新器具、新方法的发明而扩大。

孔氏之世,撰著文明史的设计,固尚未熟;而欲产生任何相当价值的考究,尤须要一位吉彭(Gibbon)的装备方可。孔氏所承受的装备,尚不如福禄特尔所受之多;故其于撰著文明史的大业,不克奏其全功。然自孔氏认历史的解释为人类进展的键,此种精神在法兰西遂以支配次代关于进步的思辩了。

加般尼(Cabanis)是一位物理学家,为孔氏的文学管理者,并是一位诚信人类完成者。他纯自他自己的特别观察点观察生活与人,他在物理的有机体的研究中,看出人种的智力的和道德的进步的键。依人的物理的情状和道德的情状间关系的认识,人类能由能力的扩大,享乐的增加,达于福乐的境遇;如斯人能依实现无限的进步的确定,把握住在短促生存中的无限。他的学说,是洛克(Locke)和康地拉(Condillac)的学说的逻辑的扩张。若是我们的智识全得自感觉,我们的一切感觉便全靠感觉的官能,而精神便成为神经系统的机能。

革命的事变,于他与于孔氏一样,不能抑止他们热望的信赖。他们都以为这于科学、于艺术、于人类的总进步,是一新时代的开始。他认当时是历史上伟大时代中之一,后世子孙将常回顾而动其倾慕的遐思。他曾说过:“你们哲学家,你们的研究,当被导于人种的改进与福乐。你们久已不怀抱虚影了。在希望的心情与悲惨的心情交替之中,既曾注意我们革命的伟大的光景;你们现在以喜悦看他的最后的行为的终结。你们将以大欢喜看此新时代。此新时代许与法兰西人者如兹其久,最后竟开幕了。在此新时代中一切自然的惠利,一切天才的创造,一切时间、劳力与经验的果实,将被利用以厚民生。一个光华繁盛的时代,在此时代中,你们哲学家的慈悲的热情,将依实现而终结。”

这是一个十八世纪对于十九世纪的多血的热情的而特质的祝贺。加般尼是生在新时代,注意他们自己的世代的理想,不要为反动的方兴的洪水所卷荡的最重要的思想家之一人。

"今"与"古"(一) ①

宇宙的运命,人间的历史,都可以看作无始无终的大实在的瀑流,不断的奔驰,不断的流转,过去的一往不还,未来的万劫不已。于是时有今古,人有今古,乃至文学、诗歌、科学、艺术、礼、俗、政、教,都有今古。今古的质态既殊,今古的争论遂起。

有一派人,对于现在的一切现象都不满足,觉得现今的境象,都是黑暗、堕落、恶浊、卑污,一切今的,都是恶的,一切古的,都是好的,政治、法律、道德、风俗、诗歌、文学等等,全是今不如古。他们往往发伤时的慨叹,动怀古的幽情,说些"世道日衰"、"人心不古"的话,遐想无怀、葛天、黄、农、虞、夏的黄金时代的景象,把终生的情感心神,都用在过去的怀思。这一派人可以叫作怀古派。

又有一派人,对于现在及将来抱乐观的希望,以为过去的成功,都流注于现在,古人的劳绩,都遗赠于后人。无限的古代,都以现今为归宿,无限的将来,都以现今为胚胎。人类的知识,随着时代的发展,不断的扩大,不断的增加,一切今的,都胜于古的,优于古的,即如诗歌艺术,今人所作,亦并不劣于古人,所谓无怀、葛天、黄、农、虞、夏不过是些浅化初开的时代,并不那样值得我们的怀思与景仰,我们惟有讴歌现代,颂祷今人,以今世为未来新时代的基础,而以乐天的精神,尽其承受古

---

① 本文发表于 1923 年 2 月 12 日的《社会科学季刊》第一卷第二号,署名为李大钊,与《史学思想史讲义》中的《今与古》文字略有不同。

人、启发来者的责任。这一派人可以叫作崇今派。

崇今派与怀古派间，往往发生激烈的论战。欧洲当十七世纪顷，关于今古优劣的比较，亦曾引起文学上的战争，此争绵亘约百年间，在法如是，在英亦如是。

今古的激战，于文学（特别是诗歌）为最烈，又最易引起公众热烈的兴趣。长于此等论战的人，又将其范围推广至于知识。许多人以今古的争论，为文学史上的枝节问题。首先以此等论争，为有更广的关系而唤起人们的注意者，厥为孔德。

今古的争论，在思想上实有相当的意义，这是对于文艺复兴的衡轭一部分的反抗。崇今派立于攻击者的地位，想令批评主义由死人的权威解放出来。他们争论到一个很重要的问题，这个问题就是：现今的人犹能与显烈的古人抗衡否，抑或在智力上实劣于古人？这还包含着更大的问题，就是：自然已否竭尽其力？他是否久已不能再生脑力与元气等于他曾经产生的人们了？人性是否已经疲竭，抑或他的势力是否永存而不尽？

崇今派的战士，主张自然的势力永远存在，直接反对人类退落说，此说所以不能见信于人。崇今派的贡献独多，知识上的进步说获有一个最初的明确论证，实为今古的争论所唤起的结果。

今古的激战，虽自十七世纪初叶开幕，而在十六世纪末叶，已有一位崇今派的战士，首先跃起作崇今派的先驱。其人为谁？即鲍丹是。

鲍丹学说的重要，不在他的君政论，而在他企图立一普遍历史的新学说，以代中世时史学界流行的黄金时代说。主张黄金时代说者，大抵以为古代有一个黄金时代，化美俗良，德福并茂，真是人间的天国；后来日渐堕落，由金时代，降而为银时代，而铜，而铁；这就是说"世道人心江河日下"了。此说盛行于欧土中世神学者流，鲍丹独起而否认之。鲍丹认自然永是均一，拟想自然能在一时代产出黄金时代说所指的那个人那个境遇,在别一时代便不能产生他们,是不合理的。换句话说,鲍丹确认自然动力永在与不灭的原则,以为在一时代所能产生的人或境遇,在别一时代亦能产生。从人类的原始时代以后,人间的光景有很大的变动,设使他们之所谓黄金时代可以召唤回来,而与现今为比较,现今反倒是金,他反倒是铁,亦未可知。历史是由人的意思造成的,人的意思是永在变动中的,无论俗界教界,时时刻刻有新法律,新装束,新制度,随着亦有些新错误涌现出来,但在这变动不居的光景中,亦可以看出一个规律来,就是震动的法则;一起一仆,一仆一起,拟想人类永是退落的,是一个错误;倘真如此,人类早已达于灾害罪患的穷途,而无噍类了!人类不但不是永远退落的,而且在震动不已的循环中,渐渐的升高,这就是螺旋状的进步;他们昧然指为金为银的时代的人,全去禽兽未远,由那个状态慢慢的演进,才有今日的人类生活、社会秩序。古人的发明,固然值得我们的赞誉,但今人亦有今人的新发明,其功绩与古人的一样伟大而重要。有了航海南针的发明,才能成就周航地球,世界通商的事业,由是而世界一家了。他如地理学天文学上的进步、火药的发明、毛织业并其他实业的发展,都在与全世界以极大的影响;即单就造纸术印刷术的发明而论,已足以抗颜古人而无愧。

继鲍丹而起者则有倍根,倍根对于古人表相当的尊敬,并且熟于古人的著作;但他认古人的权威,于科学进步上是一致命的障碍,故亦努力于解除古人权威的衡轭。他以为真理不是于任何时会的好机会中可以寻得的,真理的达到,全视经验与他们的经验所受限制之如何;在他们的时代,时间与世界的知识均极有限而贫乏,他们没有千年的历史足当那个名称,不过是些传说与口碑罢了。除去世界一小部分的境界与国家,他们全不熟悉。在所有他们的系统与科学的想象中,难有一个单纯的经验有助益人类的倾向的。他们的理论是立在意见上的,从而科学在最近两千年间静止的停留;而立在自然与经验上的机械的艺术,则渐长而增高。

倍根指出 Antiquity 一语迷误的义解,他说我们称为古代而那样常与以崇敬者,乃为世界的少年时期,真值得称为古代的是世界的老年与增加的年代,就是我们现在生于其中的年代。论世界的年龄,我们实是古人,那些希腊人、罗马人比我们年少的多,如同我们看重一个老年人,因为他的关于世界的知识比一个青年人的大。所以我们有很好的理由,盼望由我们自己的时代得到比由古代所得者更多的东西;因为在我们自己的时代,知识的储藏为无量数的考察与经验所增积,时间是伟大的发明者,真理是时间的产儿,不是权威的产儿。

印刷术、火药、罗盘针三大发明,是古人所不知道的。这些发明变更了全世界的情形,先文学,次战争,最后航海,引起了无数的变迁,影响及于人事,没有比这些机械的发明再大的。或者航海及未知地的发见,与倍根以感印者,比与鲍丹者多。

倍根认地球通路的开辟与知识的增长,为同时代的产物。此等事业,在今世大部分业已成就,晚近的学术,并不劣于从前两个学术上的时代——希腊人的时代、罗马人的时代。希腊、罗马及现在是历史上三大时代,希腊、罗马为世界上文教法度最昌明的国家,但在那些时代,自然哲学亦未何进步。在希腊是道德的、政治的空想吸收了人们的精神;在罗马是沉思与努力都耗用在道德的哲学上,最大的智力,都贡献于市民的事务。在第三期,西欧民族的精力,又都为神学的研究占去了。古初实在有些最有用的发明,到了冥想与理论的科学的开始,这等有用的事业就停止了。在过去的人类史上,许多事物的进步是迟缓的,不定的,偶然的,人如能觉察过去的发明的错误而求所以免除之,现在很有确固的进步的希望。

倍根认循环说为知识发展上最大的障碍,每致人们失所信赖与希望。进步之不确定与不继续,全因偏见与错误妨人致力于正轨。进步的艰难，不是起于人力所不逮的事物，而基于人类的误解，此误解耗费时间于不当的目的。妨阻过去的过失，即是创辟将来的希望。

但他的新时代将来的进展是否无限，他于此未加研考。

今古论战的舞台虽在法兰西，而此问题实为一个义大利人所提起。此人为谁？就是那首著名的描绘当时叙事诗人讽刺诗的作者塔桑尼。他喜于暴露他的时代的偏见，而倡言新学说，他因为攻击 Petrarch，Homer，Aristotle 诸人，在义大利招了很大的诽谤。最早的古今人功绩的比较发见于"Miscellaneous Thoughts"，这是他在一六二〇年刊行的。他说此问题是当时流行的争论事件。他对此争论，于理论的、空想的、实用的各方面，立一透彻的比较，与以公平的裁断。

有一派人主张艺术依经验与长久的工夫能致完善，所以现代必有此利益。塔桑尼对于此说首先加以批评，他说此理由不甚坚固，因为同一的艺术与学问，不永是不间断的为最高智慧所追求，而有时传入劣者手中，所以渐趋退落，甚且至于消灭。例如罗马帝国衰亡时的义大利，当时有很多世纪，觉艺术降在平凡以下了。换句话说，只有假定没有联续的断裂，此说当可承认。

他作出一种比较，以明他不是任何一方的拥护者；他许古人以星星点点的优越，同时今人在全体上远胜于古人；他所考察的范围，比那些自限于文学、艺术的争论者广，文化的物质方面，甚至于服装，均在他所考察的范围内。

他所著的 *Thoughts* 一书被译成法文，此书恐已为白衣士罗伯所及知。白氏是一位剧学家，以曾参与创立法兰西学院为人所知。忆一六三五年二月二十六日此学院既成，他即刻当着那些集众讲出一段议论，猛烈的恶口的攻击 Homer，这一段议论在法兰西煽起了争论，并且引起特别的注意。Homer 自经塔桑尼攻击以后，成了崇今派集矢的特别鹄的。他们以为，假如他们不信任 Homer 的主张能够贯彻，他们便可以得到胜利。

当文艺复兴的时期，希腊人、罗马人的权威在思想界极其优越。为便于促进自由的发展，此权威非大加削弱不可。倍根及其他诸人，已竟开始了此种伟大的运动，以期廓清摧陷此等虐力。但是笛卡儿的影响愈益严重，愈益坚决，他的态度愈趋于不易调和的程度，他没有一点像倍根的对于古典文学的尊敬，他颇以忘却幼年时曾经学过的希腊文自夸，他的著作的感化力，乃在对于过去严格的完全的打断，并一个完全不借重于古人的组织观念的系统。他在自己的方法、自己的发明的基础上，期望将来知识上的进展，从而他认知这个智力的进展，将有很远的效果及于人类的境遇。他最初名他的《方法论》以"一个可以提高人性到完全最高度的普遍科学的设计"。他视道德的物质的改进为对于哲学与科学的倚赖。

根据世界现今是较为高龄、较为成熟的见地，是认对古人独立的态度，已竟成了很流行的观念。倍根、笛卡儿并许多受笛派影响的人们都是这样。

巴士库儿是一位科学家而改信笛派的理想者，表示的尤其明显。他说，当那么多的世纪间，人类的全联续，应看作一个单独的人而不断的生存，不断的学问；在他的生活的每一阶段，此普遍的人，为他在从前的阶段曾经获得的知识所惠利，而他现在是在老年时期了。

对于责笛氏以对古代思想家不敬的人们，他曾为答辩，说他拒否他们的权威，便是还他们以模仿的敬礼，便是按照他们的精神，做比那些一味奴隶的随从他们的人们好得多。巴氏又说：待遇我们的古人，比他们所示以待其先辈者益加隆敬，待遇他们以一种他们值得受自我们的不可信的隆敬上，因他们未曾对那些在他们上享有同样利益的人们与以那样的看待。天下宁有比此还不公平的事么？

巴氏亦承认我们应该感念古人，因为我们在知识的增长上能优于他们。他们已达于一定的点,使我们能以最少的努力跻于最高的程位。所以我们自知我们立在较高的平面上,少艰难亦少荣誉。

最优越的崇今派便是那些同化于笛派理想的人们。白衣士罗伯的议论出世后好些年,圣骚林又起来作崇今派的战士。那时他已成了一个梦想派的基督教徒,这也是他痛恨古人的一个理由。他和白衣士罗伯同是劣下的诗人。他说基督教的历史贡给些文辞,比那些曾为 Homer 及 Sophocles(希腊悲剧诗人)所论的,很可以感动一个诗人。他有几首诗是战胜 Homer 的示威运动。约在同时,在英兰亦有一首叙事诗响应圣骚林的争论。

圣骚林已略知此问题含有更广的范围。他说:古代不是那样的快乐,那样的有学问,那样的富裕,那样的堂皇,如同现代一样;现代实是成熟的老年,正如他是世界的秋,得有所有过去世纪的果实与战利品,并有力以判断先辈的发明经验与错误而利用之;古代的世界,是个只有少许的花的春。固然,"自然"在一切时代都产生完全的事业,但他(自然)关于人的创造却不是这样,这必须要改正;那些生于最近时的人们,在幸福与知识上,必超过以前的人。他的话里含有两个要点。一为自然力永在的断言,一为现代比古代有益,正如老年之于幼稚一样的观念。这是倍根诸人所曾经论过的。

圣骚林拥护今人的挑战引起了白衣卢拥护古人的迎敌。圣骚林濒死之前,很郑重的以为今人战的责任托之于一位青年,此位青年名叫帕劳耳,即此可以看出今古的争论如何激烈了。

路易十四王朝时的法兰西,一般的气压很于崇今派有利。人们觉着那是一个伟大的时代,可与罗马帝国最初的皇帝奥加士大的时代比美的,没有什么人发出"我生不辰"的叹声。他们的文学的艺术家,若 Corneille、若 Racine、若 Moliére 合于他们的嗜性那样的强烈,所以除了第一位,他们不愿给他们以别的等位,他们不耐听那希腊人、罗马人进到不能达到的优越的断言。Moliére 说:"古人毕竟是古人,我们是现今的人。"这可以表示当时一般的感情了。

一六八七年帕劳耳以《路易大王的时代》的名称印行他的诗歌。现代的启蒙优于古代是他的论旨。

帕氏对于古人取比圣骚林更为有礼的态度,而其批评论尤巧。他说,希腊罗马的天才在他们自己的时代都很好,或者可以使我们祖先崇为神圣,但在现今,柏拉图宁觉可厌了;而那不能模仿的 Homer,设若生于路易大王的朝代,当能作更好的叙事诗。在帕氏诗中,有确认自然的永远势力在每一时代产生同等才能的人的语句。

《路易大王的时代》是一个简短的信仰宣言。帕氏接续着又发表一篇彻底的著作,就是《古人与今人的比较》,是在一六八八——一六九六年间以四部分出现的,艺术、雄辩、诗歌、科学及他们的实际的应用,都详加讨论了。他以二人对话的形式发表这个讨论,这对话的人们,一为热心拥护现代的战士,他作崇今的论战;一为拥护古代的献身者,他是一个明知难以否认他的反对者的议论,犹且顽强的固执他自己的见解。

帕氏认知识与时间经验以俱展,完全不是必须伴随古代的;最近的来者承袭了他们先辈的基业,而加上他们自己的新获得。

这后人较善、来者胜今的前提,似与一个明显的历史事实不相容:在知识上、艺术上,我们优于黑暗时代的人们,这固当承认,但你能说第十世纪的人们是优于希腊人与罗马人么?塔桑尼已经涉及此问题,帕氏答此问题曰"一定不能",因为联续中常有断裂的原故;科学与艺术同于河流,他的进路的一部潜流于地下,忽而开发奔流,向前跳跃,其丰沃与在地下跳跃一样。譬如长期的战争,可以迫制人们蔑视学问,把所有他们的元气都掷于自保的益觉迫切的必要,一个无知的时期可以延续,但随着平和与福祚,知识与发明,将重行开始为进一步的发展。

他不主张今人在才能上或脑力上有何优越,在"路易大王的时代"

中，他确认自然不朽的原则，自然犹且产生像他曾生过的人们一样伟大的人，但他不能产生更伟大的人，非洲沙漠的狮子，他的狞猛，在我们今日并与在亚历山大大王时代没有什么区别。一切时代，最善的人在气力上是平等的，但他们的功业与作品是不平等的，若与以同等的势便的情形，最近的是最好的，因为科学与艺术，都靠知识的积聚，知识必然的与时俱增。

但此论能用之于诗歌与文学的艺术么？诗歌与文学的艺术界，是交战者（帕氏亦包在内）最有兴味的范围。此可证明现代能产生些诗家文学家，其优越不亚于古昔先师，但此能证明他们的事业一定超于古人么？此驳论逼得帕氏不得脱逃，而帕氏答复则颇巧妙：娱人心情是诗歌与雄辩的职分，而欲有以娱之，必先有以知之，是否洞察人心的奥秘比洞察自然的奥秘较为容易么？或者洞察人心的奥秘费时较少么？关于人心的情感与念望常作出些新发现，只以 Corneille 的悲剧而论，你在那里可以寻得比古代书籍的更微妙更细致的关于野心仇怨与嫉妒的映绘。在他的"比较论"的结尾，他宣言今人的普通的优越的时候，他为维持平和起见，论到诗歌与雄辩，暂作一个保留。

帕氏的讨论，陷于缺乏体现完全的进步的观念，他不止专注意知识上的进步，但他不注意将来，对于将来，没有什么兴味，他受最近的过去知识上的发展感印甚深，故他几不能悬想再有更益向前的进步。他说："试读英法的报章而一察那些王国的学院的出版，将使你信最近二十年或三十年内在自然科学界作出的发明，比遍有学问的古代的全期都多，我自己很想知道我们所享的幸福，考查所有过去的时代，在那里我们可以看见一切事物的生长与进步，在我们的时代，没有一种事物没有受过一个新的增加与光荣的；我们的时代，在有些种类上曾达到完全的绝顶，从有些年间以后，进步率很迟，想到差不多没有很多的事物可以使我们妒羡将来的时代是很可喜的。"

对于将来的冷淡，即是关于将来的怀疑，是上述语句的注释，而与世界已达于他的衰老时期的观念相合，故吾言帕氏的知识进步的观念，尚不完全。

于法兰西以外，英国亦忽然起了今古的论战。

一个神学家名叫黑克威尔刊行了一本六百页的书，以诘责当时普通的错误——宇宙衰朽的错误。他并他那呼吸在十六世纪气压下的书，全为人所忘却，他虽刊行了三版，而除些神学家外，难能引起多人的注意。著者的目的，在证明在世界的政府里，上帝的权威与天命。这与当时流行的见解不相容，当时流行的见解，就是物质的宇宙、天体、原子，均渐趋于衰朽，并那人于物质的、精神的、道德的各方面，正在退落的见解。他的议论多获益于读鲍丹、倍根诸人的书，可见他们的思想已经激动神学家的精神了。

一个今古间的比较起于衰朽说的拒驳，与自然力确固的问题起于今古间的比较，一样是自然的结果。黑氏反对过分的推奖古代，正为此说可以助世界衰朽说张目。他所讨论的范围，比法国争论者的较广，他所争论的范围，不止含有科学、艺术与文学，并及物质与道德。他求所以证明精神上物质上没有衰朽，并那现代基督教国的道德，大优于异教时代的那些国家，基于基督教有社会的进步，在艺术上知识上亦有发展。

黑氏亦如塔桑尼研考一切艺术与科学，断定今人在诗歌上与古人相等，其他诸事，亦都能超越古人。

他认退落说可以腐痹人的元气，世界普遍衰朽论，销沉了人的希望，钝滞了人的努力的锐利。他的言外的意思，是改良世界的努力，为我们对于后人所该尽的义务。

他说："于是我们不要为世界定命的衰朽的虚影所阻拦，以使我们既不后顾那些可敬的先辈的楷模，又不向前预为后人谋。如我们先辈有价值的预为我们谋者，使我们的子若孙，亦以预为之谋者颂祝吾辈。如何的世代将以延续于我们，尚未确定，亦如未来的世代之在前世之于那些先辈一样。"

黑氏想他生在世界的末年，但他不能延长多久，是一未决的问题，但他有一个考虑可以慰安他自己并读者，就是世界的终结，尚未临近。

自然不衰朽，人类不退落，固可确认了，但那世界的终结，不依自然法，并那人类文化的发长，任在何顷均可为神的命令所斩断的学说，其足以销沉人的希望，钝滞人的努力的锐利的影响，亦并不小。

黑氏持论的意义，在把阻碍进步学说的退落说，弄成一个特别研究的问题。他的书揭明此说与关于今古争论间的密切关系，不能说他与鲍丹、倍根诸子关于文明进步的理论有所增益。他所企图的历史的普通综合法，全与他们的相等。他说明知识艺术的历史与此外一切事务，如同纵览一种循环的进步，他说他们都有一个发生、滋长、繁荣、废落与萎谢，于是经过一个时期后，又有一个复苏与再兴，以此进步的方法，学问的光明，由一民族传到别一民族，由东洋而希腊，由希腊而罗马，既已为蛮人所不见者千有余岁，而又为 Petrarch 及其当代人所复活。黑氏所陈循环进步的观念，颇与倍根所指摘的循环说相近。

倍根及十七世纪的思想家，自限其过去进步的观察于知的范围内，而黑氏对于古代的仪容道德，不惮与以攻击，能预见这社会的进步较大的问题。这个问题，是必要来到十八世纪阵头的。这是黑说值得我们注意的点。

黑氏的书出世以后，我们又得到格兰威尔所著的《加的过度》，又称《亚里士多德时代后知识的发展》。此书于一六六八年出版，宗旨在拥护成立未久的"皇家学会"。该会在当时颇受攻击，谓为有害于宗教及真实学问的兴趣。格氏愤古典派对于皇家学会的压迫，乃起而树拥护的旗帜。他说他对于无名的罗盘针的发明者的感佩，比对于一千个亚历山大与恺撒、一万个亚里士多德的感佩还深且多。在这几句话里，可以看见他的精神了。

他说皇家学会的职分，就是企图人类的设计，置在自然的最深底蕴那样低，达到宇宙最上层那样高，扩张到广大世界的一切变化，目的在普遍人类的惠利。那样一种事业，只能以不能知觉的度数，慢慢的进行。这是一个累代的人均与有关的事业，我们自己的时代，只能希望作一点点，以移去些无用的片屑，预备些材料，安排些东西，以备建筑。我们定须寻求与搜集，观察与考验，为将来的时代预储一个积聚。

神学的考虑，曾经重压过黑氏的思想，而格氏则显然未为所困惑。看了二人的不同，便可以看出这四十年间世界进行的经路了。

斯普拉特是一个牧师，他于格氏的书出世以前不久，出版一本《皇家学会史》。他认科学可以扩张于世界，此事全靠西方文化扩张其地域，基督教国的文化亦可扩到其他文化国及半开化国，他希望将来的改宗者，可以有青出于蓝的优越，希腊人胜过他们东方的先师，现代欧人从罗马人承受了光明，而幸福繁昌，倍于古人所遗留于他们的。

皇家学会建立于一六六〇年，科学院建立于一六六六年，使物质的科学，在伦敦与巴黎很流行。各阶级，都为此流行的情感所激起，若骑士，若圆颅党，若牧师，若清教徒，都联合起来，若神学家，若法律家，若政治家，若贵族，若世爵，都夸扬倍根哲学的胜利，倍根播的种子，终竟成熟了。那些建立与赞美皇家学会的人们，对倍根有完全的信用。考雷上皇家学会的赞歌，可以名为赞扬倍根的赞歌，亦可以说是人类的精神，由权威的束制解放的圣歌。

我们很高兴的写这一篇崇今派荣誉的战史，我们很感谢崇今派暗示给我们的乐天努力的历史观人生观，我们不要学着唱那怀古派"前不见古人，后不见来者，念天地之悠悠，独怆然而涕下"的诗歌，应该朗诵着耶马孙的名言："你若爱千古，你当爱现在，昨日不能唤回，明日还不确实，你能确有把握的，就是今日，今日一天，当明日两天。"为今人奋力，为来者前驱。

"今"与"古"（二）^①

　　我今天所讲的题目，是今与古。今是现在，古是过去的时代。我们现在把今与古来对讲，是要考查现在的人与古来的人有什么不同之点？现在的人与古来的人有什么关系？这些问题，对于我们生活很是重要，所以来大略说一说。有人在文章上发表他的意思，常说："世道人心，今不如昔"；"人心不古"；"现在的风俗道德人心，不如古来的风俗道德人心"。讲这些话的人，大半都是"前辈"、"长者"。他不满意于青年，也不满意现在的一般人，于是发为感叹，而动其怀古的思想。但是我们想想，是不是今人真不如古人？是不是发这样感想的人错误？这是个很有趣味的问题。

　　我们先考究他们所以怀古的原因：

　　（一）发此种感想的人，对于现在的人心，风俗，政治，道德，都不满意，感觉苦痛。因而厌倦现在，认现在都是黑暗的，没有光明的。这种厌倦现在的感想，并不是坏的感想，因为有了这种感想，对于各种事务，才都希望改进。有了希望改进的思想，才能向前进步，才能创造将来。若是不满意现在，而欲退回，把现在的世界回到百年千年以至万年前的世界，这不光是观念错误，并且是绝对不可能的事。这是伤时之人厌恶现在，而触动他怀旧之心的一个原因。

---

　　① 本文为李大钊在北京孔德学校的讲演，由吴前模、王淑周笔录，演讲日期不详，发表在 1922 年 1 月 8 日《晨报》副刊上，署名李守常。

（二）人大半是羡慕古人之心太盛，如古人在当时不过是一斤八两的分量，到现在人看来就有了千斤万斤的分量，这是受时间距离太远的影响，因而在心理上发生一种暗示，这种暗示可以把古人变成过于实在的伟大，如同拿显微镜看物一样。例如火在人类史上有极大的关系，因自有火的发明，而人类生活遂发生很大的变动；又如农业，也是人类史上一个很大的发明。不过火同农业的发明，是社会的进化，并不是所谓神农燧人一二人的功德。而旧史却不认为是社会的进步，而认为是少数神圣的发明，这是年代距离太远，传闻失实所致。又如黄帝，古代有无其人，尚不敢必，但是世人尊敬他的心，比他本人值得我们尊敬他的分量，高的多多。又如某校请一位本国教员，并不见得学生怎样信仰，怎样欢迎，要请一位有与本国教员同等学问的外国教员，就非常的尊敬欢迎，就是出洋留学的，也觉得比不出洋留学的好些。谚云"远来的和尚会念经"，这是普通的心理。推想起来，这又是因为受了空间距离太远的影响。过分的崇敬古人，其理亦与此同。我们的子孙对于我们，或现在一般的人，所发生的尊崇心，是我们想不到的高厚，也未可知。

（三）社会进化，是循环的，历史的演进，常是一盛一衰，一治一乱，一起一落。人若生当衰落时代，每易回思过去的昌明。其实人类历史演进，一盛之后，有一衰，一衰之后，尚可复盛，一起之后，有一落，一落之后，尚可复起。而且一盛一衰，一起一落之中，已经含着进步，如螺旋式的循环。世运每由昌明时代，转为衰落时代，甚而至于澌灭。因而许多人以为今不如昔，就发生怀古的思想，那里知道衰落之后，还有将来的昌明哩！

（四）随着家族制度，发生崇祀祖先的思想，也可以引起崇拜古人的观念。故崇拜祖先的礼俗，亦是使人发生怀古思想的一个原因。

（五）现在也有不如古来的，如艺术。艺术乃是有创造天才的人所造成的，艺术不分新旧，反有历时愈久，而愈见其好者，因此也可以使人发生怀古的观念。

怀古的思想，多发生于老年人之脑际，青年人正与相反。一派以为今不如古，总打算恢复三代以上的文物制度，一派以为古不如今，因此在学术史上就发生了争论。在十七世纪初期文艺复兴后，法兰西、意大利就有今古之争，于文艺（诗歌文学）上，此争尤烈。崇古派则崇拜荷马，崇今派则攻击荷马。这种争论，大众以为不过是文学上的枝叶问题。自孔德出，才以为这种争论，不光是在文学上如此，各种知识，都不能免，才把这种争论的关系，看得很大。这种争论，起于意大利，传至法兰西、英吉利，前后凡百余年。

在历史学上进化退化的问题亦成争论。崇古派主张黄金时代说，以为人类初有历史的时期，叫做黄金时代，以后逐渐退落，而为银时代，铜时代，铁时代，世道人心，如江河之日下云云者以此。崇今派以为古代没有黄金时代，古时的人，几同禽兽，没有什么好的可说。现在是由那种状态慢慢地进化而来的，如有黄金时代，亦必在将来。现在或是银的时代，过去的时代，不过是铁时代，铜时代罢了。其说正与崇古派相反。布丹说："崇古派说古来是黄金时代，全然错误；他们所说的黄金时代，还不如他们所说的铁时代的现在；假使他们所说的黄金时代，可以召唤回来，和现在比一比，那个时代，反倒是铁，现在反倒是金亦未可知。"中国唐虞时代，今人犹称羡不置，一般崇古的人，总是怀想黄、农、虞、夏、文、武、周、孔之盛世。但此是伪造，亦与西洋所谓黄金时代相同。他们已经打破黄金时代之说，我们也须把中国伪造的黄金时代说打破，才能创造将来，力图进步。这全靠我们的努力，这个责任我们都要负着。在中国古书里面，亦可以寻出许多今古的比论，如"后生可畏，焉知来者之不如今也"。其语气在古代，似有新的意味，且近似进化说。《书经》上说："人惟求旧，器非求旧，惟新。"这又是人是旧的好，器是新的好的意思。

中国人怀古的思想,比西洋人怀古的思想还要盛。因为西洋科学早已发明。科学是在自然界中找出一定的法则,有如何的因,便有如何的果。他们能用科学方法证其因果,又能就古来的,而发明古来所未有的。这样,古人的发明,都有明了的法则,都遗留给后人,而今人却能于古人的发明以外,用科学方法有所新发明。中国科学不发达,古人遗留下的多是艺术的,创造全靠个人特有的天才,非他人所能及。故中国人崇古的思想,格外的发达,中国人对于古人格外仰慕,对于古人的艺术格外爱恋。

怀古思想发生之原因,及中外怀古思想不同之点,既如上述。现在我发表我对于这种思想的批评。

古代自有古代相当之价值,但古虽好,也包含于今之内。人的生活,是不断的生命(连续的生活)。由古而今,是一线串联的一个大生命。我们看古是旧,将来看今也是古,刚才说的话,移时便成过去;便是现在,也是一个假定的名词。古人所创造的东西,都在今人生活之中包藏着,我们不要想他。例如现在的衣服,其形式材料,及制造的方法,极其精致,古来次第发明的痕迹,都已包藏在内。像古人所取以蔽体御寒的树叶兽皮,我们又何必去怀想他!

黄金时代说是错误的,因为人与自然有关系,如太阳光、空气等等。人离开自然,就不能生活。古时的自然产生孔子那样的伟人,现在的自然,在今又何尝不能生?古代生的人,如何能说是万世师表!崇古派所认为黄金时代产生之人,现在也可以产生出来,我们不必去怀古。怀古的思想,固可打破,但我们不能不以现在为阶梯,而向前追求,决不能认现在为天国。当时时有不满意现在的思想,厌倦现在的思想。有了这种思想,再求所以改进之方,如现在中国国势糟到此等地步,我们须要改造,不要学张勋因怀古而复辟,要拿新的来改造。他们是想过去的,我们只是想将来的。历史是人创造的,古时是古人创造的,今世是今人创造的。古时的艺术,固不为坏,但是我们也可以创造我们的艺术。古人的艺术,是以古人特有的天才创造的,固有我们不能及的地方,但我们凭我们的天才创造的艺术,古人也不见得能赶上。古人有古人的艺术,我们有我们的艺术。要知道历史是循环不断的,我们承古人的生活,而我们的子孙,再接续我们的生活。我们要利用现在的生活,而加创造,使后世子孙得有黄金时代,这是我们的责任。

鲍丹的历史思想

鲍丹(Jean Bodin,1530—1596)为法国政治学者,兼历史学者。承继文艺复兴期而以《国家论》开始近世社会学的研究的是他,在法兰西首先倡始历史哲学的研究的亦是他。鲍氏精研政治哲学,当世实无伦比,至少在孟德斯鸠未生以前,未有能侪及之者。所著《国家论》(*Republic*)六种出版于一五六七年,为他的最大杰作。主张君主政治,反对马基亚威理主义(Machiavellism),是其政治主张的特点。自马氏以迄鲍氏,其间才杰不作,法国学术界呈销沉之象者已久。至于鲍氏,正值法兰西历史上多事之秋,实社会的、政治的、宗教的纷争扰攘变革迁移的运会;此等纷争与变革,导深思之士以入于政理的研究,殆亦自然的趋势。盖至此时,法国学术界,已有渐次复兴的景象;其时名家辈出,类皆穷思殚虑,以政治与社会为所研治的主题;然解喻之明,探索之深,预见之验,未有如鲍氏者也。

鲍氏的《历史方法论》(*Historic Method Methodus adfacilem historiarum cognitionem*)出版于一五六六年,亦是他的狠重要的著作,其于历史哲学研究者的趣益,实越《国家论》而上之。但此既非历史哲学,亦非为历史哲学置其基础者。如此书之所自白,这不是历史哲学,乃是研究与领会历史的方法。

是书出世,去马氏之死,已四十余年矣!他的眼光及方法,与马氏迥乎不同。鲍氏思想的范围,比马氏广;马氏的精神,只集中于政治学说,而鲍氏学说的重要,不在他的主张君主政治的政治论,而在图立一普遍的历史的新学说，以代中世所流行者。

十六世纪，遍乎全欧，有一研究历史的兴趣普遍的觉醒的征象。此征象维何？即有些关于历史文艺的著述出世是也。中有少许，在鲍氏论著未出以前，即已问世。最早者，如 Mylaeus 的 *Theatrum scribendae historiae Umversae* 则于一五四八年在 Florence 出版了。最广行而有趣味者，如 Patrizi 的 *Della Storia dialoghi X* 则于一五六〇年在 Venice 出版了。自兹以还，经十六世纪乃至几乎全十七世纪，此等著作的潜流，继续未已。至一五七四年顷，*Penus srtis Historicae* 已出版于 Basle。是书由十八篇关于历史的文著合集而成，其中除去二三例外，皆为属于十六世纪者。鲍氏论著，所与当时其他历史方法不同者，不在原则，亦在企于只在于其实用的指导中含有科学价值的考勘而已。其目的仅在教人以历史应如何在秩序的、独立的、有利的状态中以为研究，不在寻找一种科学，更不在竭力作成一种科学。以此种事业，至极艰钜，即有天才，亦惟在情境足以助其成功的时遇方能为力；而其业之底于有成，亦惟赖以精诚专一之力以自效而企于致之实行也。虽然，吾人于鲍氏论著中，盖亦不无有趣益于治历史科学者之理想之可寻焉。

《方法论》初成，首卷即冠以绪言一篇。鲍氏于此，即论历史研究的容易、娱快与有利。那样历史的颂辞，其在当时，几成为一时的风尚，此风至少至一百五十年后，尚流行而未已。一六〇九年，Casanbon 的 *Polybius* 的绪言，或者今尚为人所忆及，此绪言把荣誉主要的归之于其腊丁语法的功绩。此等颂辞的实在现存的价值，只是时代的征象于其中表现出来罢了。但此等颂辞，颇能示吾人以由如何的动机，以如何的希望与旨趣而为之者。十六七世纪的人们对于历史的著述与研读这样的热心，鲍氏及其时人对于历史这样的热心，不是为的说明历史的运动或确定历史的法则，乃是为的于其中寻求智力的受用与实际的指导、文学的与学问的资料，尤其是道德的与政治的生活的助益而已。换句话说,他们认知历史的智识,不当作科学的积极的本质,但以之为达历史本身以外某种目的的工具而已。所以鲍氏信历史的研究为容易,虽为错误的见解,但此不足以惊骇吾人;因此为当时历史的作者、读者共有之流行的迷想也。一旦人们开始充分的实现历史上最高的真实的要求,他们便即刻停止作那关于历史效用的颂辞了,同时他们便知道历史的真实是最难达到的了,然在鲍氏之世,尚未达于此境也。

《方法论》包有十章,他在此书中,与我们以人类史的性质与位置的说明。历史原是以真实的描写与叙述表现出来的。历史得分为人类、自然、神明三者,人类史以人为其主题,亦如自然史以物理的世界为其主题,神明史以上帝为其主题者然。再明白一点讲,人类史的材料是人们的自由行为,此行为一语是最广义的,包含所有人类的智慧言行。人类史特有的形象,是他的主题不断的在变迁中;而上帝与自然,则毫无变迁。他们永是一样,而人类史则无一刹那是停留在一样的状态中的。此种历史的根本物质,即是不断的变动,与人以一种"没有贯澈历史的原则,在历史中没有秩序可寻,像宇宙间其余的现象和他种的智识一样"的信念。但此信念,虽为旧有而普行者,然此终为错误的。因人是一个精神与一个躯体联合而成的,是一个永的精神浸入于物质中的。所以经由物质的影响,虽在人的行为中,有许多纷混与矛盾;但在行动中,亦有些永在的原则表示一种与神性有关的精神。此等原则,是人所能喻解的。或者有人想没有在人类史中寻求是等原则的必要,因为此等原则乃在神明史中最易直接的为人所喻解者;但此说非是。不从人类起以达于神明,而由神明以降于人类,以求理喻,是颠倒了研究的真秩序,而执终以为始。人当以研究自己肇始,而渐跻于最高至极之本原;因人是一个灵魂与躯体,精神的与物质的复合的生物,所以他的历史,与自然及上帝的历史并有关联:由地理学与自然有关,由宗教与上帝有关。人的历史家,必须审慎的说明人的复杂的组织与关系,溯寻人的历史如何依精神的与物理的势力为上帝与自然所影响。那么于一个能使人满足的人类普遍史的达成有二种科学，实为必要：天地学（Cosmography 包含星学、地理学、地质学）与普通的或比较的宗教科学是。

鲍氏论研究历史，当依先总纲后特目的次序进行。由普遍史的简约的观察，渐至他的各部分的详澈的研究；如斯作去，各部分相互间的关系，各部分与全体间的关系，均能认出无误。

鲍氏自觉的实认史律的存在，他觉得历史实为律法所贯澈。他的此种信念，实得力于法律的研究。此等研究，致其研究思索的精神，无一俄顷不在历史；同时明认法律与历史自始至终应联为一体，不可分开；倘或将其一与其他的全体分开，则二者之任何一方，都不能圆满了解。他在最初，在刚刚献身于历史方法的时候，便自奋而指导并宣言反对那些自命为哲学的法理家，而且自限其全体的注意于罗马法者。他自己发大愿所欲为的是一个哲学的法理家，而不像 Cujas 只是一个腊丁原文解释者。他攻击那些有声闻的他的同代人的狭隘，不像 Hotman 所曾作的那样甚，为实用像为科学的真理一样。他说即使怎样完全与充分，罗马法的研究，于法律的部分的解释以外，不能更有所与于吾人者。使罗马法与普通法一致，或为其标准，是荒诞的事。于此有一普遍法焉，于普遍法中，一切法典，皆有他们的根柢与理论，这些法典，不过是些属于普遍法的部分的多样的表示。欲达到此法则，须咨询于法理家，同样亦须咨询于历史家，于二者间固不应有所轩轾，以使波斯人、希腊人、埃及人、希伯来人、西班牙人、英吉利人、日尔曼人，均可在罗马人旁，觅一相当的位置。此普遍法的观念，其智识只能经由一个整个的历史的方法的研究，方可达到者，今则集中于鲍氏；而在我们的法律家深思的考虑上，即其最普通的形式，斯亦为尚待促进者也。鲍氏所曾说明之者，只为最普通的形式，例如自然法与人为法间的概念，任在何处亦未明晰的分别为彼所引出。他把人事的经行是一个秩序的行程，或为自然的、道德的所限制、所执律的发展一点看得很清楚，但他的历史法则的概念或含有任何一定的意义的法律的概念则极暧昧。

欧洲中世时，史学界盛行一种"黄金时代"（Goldenage）说。为此说者，大抵以为"世道日衰""人心不古"，常发些伤时的慨叹，动些怀古的幽情；遐想古代有一个"黄金时代"，化美俗良，德福并茂，真是人间的天国；后来日渐堕落，由金时代，降而为银时代，而铜，而铁，这就是说"人心世道江河日下了！"此说盛行于欧土中世学者流，而皆以丹捏尔（Daniel）的预言为基础。他们把历史的径路分为四个时期：即是巴比伦（Babylonian）、波斯（Persian）、马基顿（Macedonian）与罗马（Roman）四王国，最后者持续到末日裁判为止。鲍丹于此，另行提议一种分期法。他把历史的径路分为三大时期：第一是东南方民族占优势的时期，约经二千年之久，以基督的诞生终结；第二是中部民族即地中海一带的民族占优势的时期，为期亦约二千年，以条顿人的侵入终结；第三是北方民族推翻罗马而在文化上为导领的时期。三个时期，依于三方民族心理上的特性而各有其特色：第一的特色是宗教，长于知识与聪慧的艺能；第二期是实用的智慧，富有政治的能力与商业的活动；第三期是战争与产业或发明的技能。这个分法，实足以预见黑格儿（Hegel）的综合法。[黑格儿的分法是（一）东洋的，（二）甲希腊、乙罗马，（三）日尔曼语系的世界]他那最有趣味的点，乃在人种的考察，地理与气候，亦算在内。这便是鲍氏的唯物史观。鲍氏的全体说明，虽有粗荒之嫌；而其混入占星术的议论（Astrolgical argument），亦足证他没有全脱神学的影响；但在历史研究上，总算开了一个新步骤了。鲍氏否认黄金时代说的理据，乃在他认自然永是均一，拟想自然能在一时代产出黄金时代说所指的那个人，那个境遇，在别一时代便不能产生他们，是不合理的。换句话说，鲍氏确认自然动力永在与不灭的原则，以为在一个时代所能产生的人或境遇，在别一时代亦能产生。从人类的原始时代以后，人间的光景有很大的变动；设使他们之所谓黄金时代可以召唤回来，而与现今一为比较；现今反倒是金，他反倒是铁，亦未可知。历史是全靠人的意思而成的，人的意思是永在变动中的。无论俗界与教界时时刻刻都有新法律，新装束，新制度；随着亦有些新错误涌现出来。但在这变动不居的光景中，我们亦可以看出一个规律来，就是震动的法则(law of oscillation)。一起一仆，一仆一起，拟想人类永是退落的，是一个错误；倘真如此，人类早已达于灾害罪患的穷途，而无噍类矣！人类不但不是永远退落的，而且在震动不已的循环中，渐渐的升高。这就是螺旋状的进步。他们昧然指目为金为银的时代的人，全去禽兽不远，由那状态慢慢的演进，才有今日的人类生活，社会秩序。鲍氏又说，一切知识、文学、艺术，都有他们的变迁；他们的变迁的经过，就是兴起、增长、繁荣、衰颓，乃至于死灭。罗马崩颓以后，随着一个休息的时期；经此期后，随着一个学术的复活、智力的产生，开往古未有的新局。古人的发明，固然值得我们赞誉，但今人亦并不是仅仅放点爝火以补古人的日月照临之所不及的。今人亦有今人的新发明，其功绩与古人的一样伟大而重要。例如有了航海南针的发明，才能成就周航地球、世界通商的事业，由是而世界变为一家了。他如地理学、天文学上的进步，火药的发明，毛织业并其他实业的发展，都在在与全世界以极大的影响。即单就造纸术、印刷术的发明而论，已足以抗颜古人而有余。

鲍氏确认历史是整个的一个进步的径路。他在他的《方法论》第七章里，即论此特殊而永久的势力的要旨。这第一部分，是论那预言家(Daniel)的"四王国说"无论怎样解释都可(鲍氏自言一切解释，他都不满足)，但这断不是历史是一个智力的、道德的退落的、长径路的意思。比四王国，不论什么都可以指，但他们断不是像有些人所提示的蛮荒的古代的四个世代。本章的自余所论，乃为驳斥基于四个世代的荒渺无稽的历史发展的见解。此种见解,乃谓人类是在不断的退落的运动中的,由金时代退到铁时代,时境愈益艰难,善愈荒而恶益著。鲍氏谓此与《圣经》的历史,大相矛盾。《圣经》的历史之所垂告于吾人者,若洪水,若 Babel 塔(古时巴比伦人所造的塔,将以上通于天者,工未竟而中止),等等,为时乃如彼其邃远也;由所谓黄金时代的异教诗人及神与英雄的荒诞传说者之所报告于吾人者观之,那个时代,似曾为真实的铁时代;许多在希腊、罗马盛时所流行的残暴不公的习惯,渐渐的显出他们真实道德的光明了;基督教之广被兹世也,亦挟其方在化育世界的新道德以与之俱来;即彼蛮人的侵入亦可以被看出,是曾实行一个天命的意志;逮乎今世,像罗盘针、印刷术那样的发明,亦能应吾人之要求而有所成就;又曾发见了一个新世界,大大的改进了天文学、自然史、医药及产业;凡此种种,皆足见历史的经过,全是进步的径路。鲍氏把那些人类不断的退落论者(那些怕学术、人性、公道方达于从大地上消灭以回转于他们固有之天的人们),比于病苦凄惨衰懦的老年人,他们自己的疾患的重负,导引他们相信自从他们的少年时日以后,世界已经丧失他的一切德、美、善了;又比于那些舟子们,当舟由港向洋海出发的时候,他们会幻想着这是岬与山岭,房子与城市,正在向后退回了。

鲍氏认在过去有一普遍的进步,此观念决非新创,就是耶比库鲁派(Epicureans)旧有的观念。惟自耶比库鲁(Epicurus)哲学失了生存以后,多已消灭于兹世矣。鲍氏于此,又多考察了一千二百年间的新变化。

本鲍氏之说而推之,将来的进展,亦必依震动的法则而与过去及现在,等在进步的运动中;将来的新发明,新发见,亦必不减于既往。但鲍氏立论,只限于过去及现在,并未推论及于将来的变动,特末为世界末日等说的幻影所迷蔽已耳。

一个伟大理想之生成建立也,其进行必极迟缓,经久而始臻于完成。今鲍丹把普遍于过去的进步,认识的如彼其清楚,而任在何处,独未确认在未来中亦有进步;以现代之读者综其理论之全程而观之,似应含有此确认,且必须有此确认,而竟无之;不惟无之,抑且有些语句(此等语句,固然极少,而且暧昧而非决定的),表示一种信念,宁可以说是怀疑,谓人事或将回转于其所自始,或将以周环轮转(固然含有螺旋进步的意味);在不知伟大理想之生成建立如何迟缓者,必且以为奇怪;然若稽察历史之遗迹,则知后之视昔,今人之所平淡无奇而能知之为之者,而在古人,则必经几何世代,几何穷研,而始克达于兹境者,盖往往而然也。以鲍丹察知过去之明,而未见及将来,亦此类耳。盖鲍氏之说,只于过去为公允,即彼几为所有宗教或哲学的改革家所误解、所诋诽的中世,彼亦极尊重之;而独于未来,则漠然看过,终以其业留待三十年后有一位更伟大的人物出,以完成进步之说而补鲍丹之所未及。斯人为谁?即倍根(Lord Bacon)是也。Bacon 最不公允于过去,而专注其深感大望于将来,与其当代伟人声闻学业足与伯仲如笛卡尔(Descartes)其人,同为轻蔑古代世界,而惟注其目光于新世界预言的光景之照耀于其前者。鲍丹之注重过去,亦犹倍根之注重未来,皆能窥见半面的真理,分之则得其一偏,合之则得其全体;必二子之相待,而后进步之真理之全,乃以大明于兹世。呜呼,何其巧也!

鲍氏不自足于仅陈普通的观念而止,更进而以解明实在的事情为鹄的;他不自止于抽象,且进而试为说明实体;他于复杂的史象中,寻求那些原因,并努力以迹溯那些原因的动作。他特别的努力以明二类原因的影响——物理的与政治的原因。

他在《方法论》的第五章中,及在《国家论》的第五卷第一章中,论物理的原因,均极详备。风土有一种影响于一民族的品性,地理与一个民族的历史间有一个一定的适应,其事至明;所以在远古之世,即能为人所察知,而 Hippocrates、Plato、Aristotle、Polybius、Galen 辈,陈述此等事实,亦皆能明确乎其言之。然以彼辈之物理的境遇创造与限制民族性的原理的普通陈述,与鲍氏之竭智尽能以求应用之广漠众多之事例者同日而语,则又失之不平矣。

鲍氏既分民族为北方的、中部的、南方的,他乃以异常周备的知识,研究风土的地理的情状,如何影响于他们的住民的体力、勇气、智力、人性与贞操,简言之,即精神、道德与态度,与夫山岭、风候、土壤的差异,与于个人及社会以何影响。他提出数多普通的见解,其中固有许多是虚伪的,亦有许多是真实的。

有为鲍丹与孟德斯鸠之比较者,如 Hallam 之所云,则仅谓鲍氏在《国家论》论风土的章中,与孟氏有些类似的地方。此种论评,于鲍氏一方,殊觉稍欠公允。若谓孟氏《法意》由十四卷至十八卷中间所主张的论旨之一半,已经写在鲍氏论风土章中,或尚为符于真实也。*Ibn khaldun* 可以除外,因鲍氏不娴于他的著作;鲍氏之所附益于其前人者,视孟氏之所成就为多。设若二人之时间的间隔,与夫必的积聚相当智识的机会之不同,为人所记忆;鲍丹关于此问题的议论,必当被认为二者中之最显著者。即使精巧不如孟氏,而绵密则与之等,同时亦必不以晦昧了此伟大的真理见责。此伟大的真理者何? 即人是自由的,依他的为道德与教育所益固的自由,能抵制外界的作用力也。

鲍氏关于政治的原因运动的知识,得自亚理士多德者颇多。但他纳用深邃的思想家锐敏的观察者之所教,而能免于为他们的奴隶;他能由他自己的反省,他的历史的娴熟,他的多变的躬逢的阅历,在他们的学说上,扩而充之增入些新道理;所以他能不失他自己的独立的地位。他分政治为民主政治、贵族政治、君主政治三种,并试为指出每种政治的特色与情状,以示他们怎样的起原与发长,怎样的强大与固结,怎样的衰落与废灭。他把革命与无政府分别的很清,革命是由一种政治到别一种政治的变革,而无政府则是政治的废灭。因为政制的各别的形式有三，他于是寻出革命的类别有六，每一种政制能变成两种别的政制。所有各种革命，可以起于些不同的原因，亦可以用种种方法防阻，至少亦可以延缓。他以细心与洞见，研究革命的、反动的多样的原因，他以判断力的高深，任在何处，都不为占星术的迷信引导他失了正路。

为考他的关于物理的原因的见解，《方法论》第六章，亦须与《国家论》第二、三、四卷对读；因为前者可以说是后者的摘要（résumé）。

在别一方面，《方法论》所可引起历史科学研究者的兴趣的，是在第八、九两章中，有 Dugald Stwart 所谓推测的或理论的历史的样本。第八章，是世界的起原与时间的世代的研究；第九章，是民族起原的研究。鲍氏把此种研究过于看得重要，至少亦错认了他的正当的位置，至谓历史起原的真实观念，是一条只有他能导吾人以通过历史的迷阵的线索。但此观念，全是暧昧的必须留在最久的不能说明中的。论到他所施用的研索的方式，亦只是可赞者半可讥者半而已。

鲍丹亦论到研究语原学的价值，谓遇有关于那些事实，或无文书可稽，或仅有虚伪荒诞的纪载；则语原学的研究，颇足为考证事实之一助。

鲍丹主张世界将有一个终结，并且指出证明于大数学家 Copernicus、Reinhold、Stadius 所与的信地球将在一个时间的经过，落在太阳上的理由。

鲍丹之世，距倍根（Roger Bacon）已三百年。此三百年，可称为人文主义（Humanism）的三世纪。虽经三世纪间反抗中世主义（medievalism）的努力，而其流风所被，犹有存者。加以由文艺复兴成就的希腊人、罗马人的权威，虽未实行，而已重压于如鲍丹一流的不踌躇的自由，以批评古代作者的思想家。故当其周虑以图寻得一解释普遍历史的线索，彼乃为过去的遗物，神学的并宇宙的学说所束缚。当他研讨科学和文学的时代的衰颓，他便提议那当是基于上帝的直接行动，以责罚那些恶用有益的科学于人类的残毁的人们；他指明世界的起原，乃为上帝在恰好的时候自由的创造,谓摩西的说明是真实的,谓世界必须在九月中被创造,历史上最大事变,亦皆发生于九月中。

鲍丹的冥想,是特别为占星术的信念所混合而成者。这种占星术的信念,虽经 Petrarch、Aeneas、Sylvius、Pico 等一流人文派的努力,以明其不足征信;而亘乎文艺复兴期间,许多优尚的或则自由的思想家,犹且重被其影响。鲍丹于此,是 Machiavelli 和 Lord Bacon 之流亚。但他不满足那星象影响人事的学说,而别寻一解释历史的变动系受数的影响的键;再兴 Pythagoras 与 Plato 的观念,而自立一方式以出之。他列举许多名人的生存期,以示他们可为七与九两数的力量所表示,或为七与九两数的产物。还有别的有效能的数,如十二等数是。他举出很多的例,以证这些神秘的数决定帝国的生存期而为历史年表的基础。例如东方王国(Oriental monarchies)的存在期,由 Ninus 到亚历山大王(Alexander the Great)征服波斯,共有 1728 年,其数等于 12^3;又如罗马共和国由罗马建立到 Actium 战役共有 729 年,其数等于 9^3。明达如鲍氏,虽致疑于独断的宗教而犹不能自脱于轻信星术之神秘,信乎其时代的不合理的偏执之力之大也。

从那样一种信星数而带有神学影响的学说的人,似难觅出进步的影子;但就他的星数的历史的解释,鲍丹亦算把历史置于与宇宙的他部分最相接近的地位,建一个全世界是被建立在一个神的计划上各部分,依此亲密的互相关系的学说。但他很谨慎的避免宿命主义(fatalism)。他说历史大部分是基于人类意思的。他较他以前的一切人与进步的观念愈益接近。我们若把他那占星术的与 Pythagoras 派的冥想,并那些不足以累其学说的神学的插句,排除净尽,他的著作,实在可以表示一种新历史观。此新史观,抱乐观主义(Optimistism①)的态度看人类在

———————

① 原文有误,应为 Optimism。

地球上的境遇,而不管将来的命数如何。

鲍氏的历史观,有三大特点,于后来进步论的发长上,有很重要的关系:(一) 他否认人类退落说;(二) 他主张今决不劣于古,而且优于古;(三) 他认地球上的人民都有相互共同的利害关系。这个概念与古代希腊人、罗马人的"世界的观念"(ecnmenical idea)相合;而经过许多现代航海者的发见,又添了些新意趣。他屡说世界是一个普遍的国家,各种种族各依他们的特别嗜性以贡献于全体的公善这个人民的合同的观念,实为进步论发长上的重要原素。

鲍丹的新历史观,在史学上的贡献,如此其大,我们不能抹煞他的伟大的功绩,而于研索唯物史观起原的时,尤不可遗忘了此人。

鲁雷的历史思想^①

鲁雷氏（Louis Le Roy），法国人。为古典学者，迻译柏拉图、亚里士多德的著作甚夥。在所著《宇宙事物的变化》（*On the Vicissitude or Variety of the Things in the Universe*）中，亦陈与鲍说类似的见解。他考察历史上的陈迹，谓战术、雄辩、哲学、数学、美术等，在一时代，盛则俱盛，衰则俱衰。他们终不免于衰落，人间事物不是永久的。一切都是经过一样的周环——兴起、繁昌、完成、衰颓、终结的周环。但此不能说明世界中帝国的联续。繁昌的景象，在殊异的民族间，递更代嬗。鲁雷归其原因于天命的安排。他信上帝注意到宇宙的各部分，而分配文化武功的优越于各方各族，使之相代而兴，不使独偏于一隅。由亚而欧，而美，而非，令道德与罪恶，知识与愚昧，相代而旅行于各国。让他们都享过幸运与噩运，没有一个长享繁昌而自诩其为天之骄子者。

他说西欧的现代，全与过去的昌明时代相等；有些方面，现代尚较为优越。差不多有所曾经丧失约千二百年的古代的、自由的并机械的艺术，都被回复。并且于些新发明，特别是印刷术、罗盘针，乃至火药（但此与其说是为人类的利用而发明，宁似为毁灭而发明，与印刷术、罗盘针不同。然其及于人类生活的影响，实不减于二者）。我们的天文学与天地学（Cosmography）的知识，都超越古人；我们可以肯定现在世界全体人类一切种族，都能相与闻知。他们能互易其物品，互供其需要，

---

① 本文为《史学思想史讲义》之一，原文无标题。

如同市，就是世界的国家（World-state）的住民，于是财富乃大有增益。

鲁雷虽把盛衰代序的原动归之于天命，而能自逃于悲观以转于乐观。主张我们应尽人力之能事，把过去曾经成就的繁昌转运过来，而且超越之。知识是无穷尽的。我们不要那样简单信古人能知能言一切物，而一无所遗于其后裔。就是说自然把良善的秩序都给古人而遗后世以荒野。他于此取鲍丹氏"自然力的永在"的原理。他说自然在现在能产生伟大的聪智，与曾经产生者一样。原素有同一的势力，星位依旧，人质全同。古代能生柏拉图、亚里士多德，现代一样能产生此类人物。

他对于史学上的贡献，有三要点，全与鲍丹相同。就是：一、世界未曾退落；二、现代不劣于古典的古代；三、全世界的人种现在形成一个世界共和国（Mundane republic）。

孟德斯鸠的历史思想

十七世纪中,法兰西的史学名著,首推包绥(Bossuet)的 *Discours sur l' Histoire Universelle*。是书出版于一六八一年。包绥曾为法国皇太子(Dauphin of France)的教师,故此书乃为授皇太子而作者。包绥是一位笃诚的信者,信《圣经》,信教会,崇拜皇帝为偶像,为独裁主义的拥护者。凡《圣经》之所垂告,彼皆深信而不之疑;故其思想绝不能超越于其时代以上,而有涉及将来的预见。他把权威看得过高,把自由看得过轻。他作朝廷的官吏,作牧师,作得太多;作平民,作市民,作得太少。他解释历史,始终以《圣经》为秘键,纯为一种宗教的历史观。他的《普遍史论》,包含着三部分:第一部分,是创世以还迄于夏烈曼朝历史事变的编年的分期;第二部分,是真实宗教的程途的撮要;第三部分,是帝国兴衰的考察。他在他的著作第一部分里,把历史分为十二期:第一期,由亚当(Adam)的创造起(B. C. 4004);第二期,由诺阿(Noah)的洪水起(B. C. 2348);第三期,由亚布拉哈母(Abraham 犹太人之祖,见《圣经》)的招请起(B. C. 1921);第四期,由摩西(Moses)律法的授与起(B. C. 1491);第五期,由特雷(Troy 小亚细亚西北部的一个旧城)的占领起(B. C. 1124);第六期,由娑罗门(Solomon Israel 王)庙的供奉起(B. C. 1004);第七期,由罗马的建立起(B. C. 784);第八期,由依塞拉斯(Cyrus 波斯王)的谕旨犹太的恢复起(B. C. 536);第九期,由加太基(Carthage)为席飘(Scipis 罗马的将军)所略取起(B. C. 200);第十期,由耶稣的诞生起;第十一期,由康士坦丁大帝(Constantine 罗马皇帝)

的国家采用基督教起（A. D. 312）；第十二期，由廖教皇（Pope Leo）为夏烈曼（Charlemagne）举行罗马皇帝戴冠式起（A. D. 800）。他又把这十二期缩约而为七代：第一代以亚当始；第二代，以诺阿始；第三代，以亚布拉哈母始；第四代，以摩西始；第五代，以娑罗门始；第六代，以塞拉斯始；第七代，以耶稣始。把这些期（epoch）与代（age）又总括而为三大世（great period）：摩西以前，为自然法期，是为第一世；由摩西至耶稣，为成文法期，是为第二世；耶稣以降，则为天惠期（Period of grace），是为第三世。他的分期，纯按《圣经》之所示就 Israel 人的幸运为标准。他的《普遍史论》的名实不符甚远，观此可以了然。其论宗教的径路与帝国的兴衰也，亦皆以《圣经》为宝典，而以天命为归，乌足语于历史哲学之价值乎？

迄于兹时，历史中一定的秩序与统一，为基督教的天命论最终原因论所寻出；至十八世纪此原则又为唯理主义所推翻；于是史学界遂有一大革命的运动的酝酿。此种运动，乃须于历史中寻出秩序与统一的新原则，以代基督教的旧原则。科学的进展，全赖物理的现象服赖于不变的法则的假定；历史亦然，假使有何等结论由历史中引出，则关于社会现象的类似的假定，亦所必须。果也，在十八世纪中叶，此新研究的线路，即于是乎肇开，以导向社会学、文明史、历史哲学而进也。现代社会科学最显著的著作如孟德斯鸠的《法律的精神》（De l'esprit des lois），及于人类过去的光景开一新纪元的服尔泰（Voltaire）的《风俗论》（Essai sur les Moeurs），涂尔高（Turgot）的《普遍史的计画》，都在此时顷出世了。

孟德斯鸠（Charles-Louis de Secondat, Baron de Montesquieu）于一六八九年一月十八日，生于 Bordeaux 附近 La Brède 地方。年二十五岁，为 Bordeaux 议会的议员。二年后充首席裁判官。任职又二年，旋即辞去，以便致全力于学问与文学。当时法兰西的法律，惨忍无人理；仁明如孟氏者，自不忍坐视此等法律之推行，而不思所以摧除之也。孟氏历充议员与法官的经历，实足为他所企成的文学事业之绝好准备。他最初所攻究的主要题目，属于物理学与自然科学，于一七一九年草成《地史》(*A History of the Earth*)一书；继思此计画过于奢大，不如弃之；然其努力之用于此者，固未始不于其后日《法律的精神》之著作，有所裨益也。

年三十二岁，所著 *Lettres Persanes* 行世。是书一出，即跻其著者于法国第一流作者之列，而复使驰誉于全欧矣。此书露出只为装点与娱乐的装饰品的样子，但实际上乃为一精巧的武器，足与其仇以致命伤，非此不能痛击之，或仅击之而无力也。此书以无上的艺术，讽刺东方，并讽刺法兰西，讽刺他们的精神的政府，他们的权威与传说，他们的愚行与弊害。这书在精神上是沈挚而真实的，在目的上是伦理的而建设的，表现出一种描写分析社会生活、习惯、动机的希有的才能。有许多后来在《法律的精神》中所推扩的观察，已能觅之于此书中矣。

孟氏《法律的精神》的计画方案，已早立于一七二四年。一七二八年，被许入学士院；此后数年，即游历德、匈、义、英、瑞士、荷兰诸国，以期熟悉是等诸国的风俗、制度。由一七二九年十月，以迄一七三一年八月，他滞居英伦。一七三四年，他的《罗马兴亡论》(*Considérations sur la grandeur et la décadence des Romains*)出世。此作或可视为《法律的精神》的一部分，因为他的幅帙过长而分离出来的。他自成一个，既那样的完全，又有那样性质的殊异；则分别刊行，亦良为适宜。这是我们所有的孟氏的唯一严格的历史著作，因为那《路易十一世史》(*Histoire de Louis XI*)，即使已经完全，未遭回禄，至少亦尚未为吾人所觅获也。这并且是第一部著作，于其中曾为一绵密的企图，以指出事变与历史的径路，如何为物理的与道德的原因所决定者。即至今日，在罗马史的优胜的趣味所奋兴的无数研究中，斯犹为其最显著者。凡能注意到前此诸作之论同一题目者，均能看出此书的创造力也。关于《罗马史乘》人可充分的和他与马基亚威理（Machiavelli）、韦柯（Vico）之所教者对照，但人不能充分的以之与马、韦二子之所教者相比较。Saint-Evremand 与 Saint-Réal 皆可提出少许的观察之为是书所含有者，但彼等似未曾为之，彼等至多亦不过仅与以少许耳。包绥的大方案，在他的类形上，或可较之孟氏的方案为更可赞美；但此为迥乎不同的类形，其所取的观察点，不在历史中，而在超越乎历史以上也。固然，在吾人知识之现状，《兴士论》关于事实的陈述与夫所有一切的说明，均不能为吾人所承认；然即使是书的特别罪过，更有远逾乎此者，一个希世的史学上的功绩与价值的产生，亦正未可以此泯后也。

十六年后，《法律的精神》出现了。在是书的题辞里，把他的缘起叙说明白。此种制作的秘密，已披露于其绪言的数语中了："我曾屡思着手于此作，而旋即弃去者屡矣，我曾掷此书成之叶于飘风中者不知其几千次矣，我恒觉我累世相传之技能即此而衰矣。我曾随从于我目的之后而未制成一种计画也，我不曾知有规绳与例外也，我曾寻得此真理而旋复失之也；但当我一旦发见我的原则时，凡我所寻求者皆陈于我之前矣。经过二十年之久我才见我业之开始、长成，向完全进展而终结矣。"他的二十年间之辛劳，其结果盖有以卒偿之而致其辛劳于不虚者。《法律的精神》之作，固不止于十八个月间经过二十一版，享当时瞬间的流行；不止在当时发生了伟大而有利的实际的影响；其巨大论题的论述的绵密、透澈与天才，在足以促进而移易科学莫大之艰难的少数著作中，固将永留一高贵的位置也。虽然，犹不能逃于偏刻者之肆其讥评，此孟氏的光华的讽刺的 *Défense de l'esprit des Lois* 之作，所由不获已也。是书出版于一七五〇年，此后遂无复重要之著作矣。一七五五年二月十日，卒于巴黎。

关于他的创造力，议论纷纷，言人人殊。平心论之，孟氏实禀有一种最有价值的创造力,此种创造力可以使一个人从最有变化的渊源中引出独立,按他自己的一种计画,些个原则与为他自己的一种目的,用彼之所获得。他实在有亚理士多德与亚丹斯密史的创造力。亦有人焉,致疑于孟德斯鸠的学说,多得自韦柯,而自隐匿其责任。但此种怀疑,适以证其于此等著者均未深知。孟德斯鸠或可以读过韦柯的著作,韦柯的《新科学论》(*Scienza Nuova*),当孟氏在意大利时,或已入其手中;抑或嗣后又从学于其友 The Abbé de Guasco 以期知习此书;此虽皆无佐证的推测,然亦非不可能也。即令彼实曾读过此书,而彼之所得于此书,即此书之所影响于彼者,亦甚有限。他的最重大的缺点,正是那些关于韦柯的精审的研究可以移易之者;今孟氏最重大的缺点,固依然未或移易,是知给韦柯在历史科学上一种殊荣的位置的思想,即使于孟氏有所闻知,而亦并未为彼所了解,不生影响于其著作也。实则谓孟氏实有负于韦柯的全体议论,皆基于关于由政体析分那使之发生的事实与使之施行的原则,韦柯实在孟氏以前的事情。此一思想家的理论,为另一思想家所先见,实为极明了的事实。奉韦柯以何等荣誉,皆可以此为依据;而由孟氏一方言之,固不能执为剽窃附会之证也。而况以此言责任,则责任之范围亦复甚广;凡古典的作者,十六世纪的新教徒的小册子作者,如 Hotman、Languet 等,Bodin、Charron、Machiavelli、Gravina、笛卡尔及其学派,洛克与别的美国的作者,特别是关于政治的,乃至物理学者、旅行者等等,将无不在孟氏对之所当负有责任之列也。

孟德斯鸠的大作(*Magnum opus*)的称誉,足以表示此著的中心的与贯彻的概念。此著是企于发见法律的精神,说明他们,迹寻他们如何关系于风俗、气候、信条、政体等;这是一种在所有的先景中,尽他们能被观察的量度,去观察他们的企图,如此以明他们如何发生,如何受限制,如何活动于私的品性上、家庭的生活上、社会形式与制度上;简言之，即如此以显露他们的完满的意义也。于此可以看出此概念与包绥的概念全不相同。包绥用一个神学的学说开始，试以示全历史如何曾为此说的例证；他以一个不是他取自历史的学说，而此学说乃为彼所引入于历史中而为一种说明的原则者出发，这实大异于孟德斯鸠。孟氏不主张不属于历史的学说，而以历史的事实本身开始；而以在大地上不是现在有的，便是曾经有过的人为的法律开始。他求着纯粹的当作那么多历史的事实去说明那些法律。这两种概念间的差异很大。限于科学所关的范围内，孟氏的概念视包氏的概念进步远矣。由科学的言之，包绥的方法，是植端的错误；而孟氏的方法，在当时他所达到之境，可谓善矣。

孟氏如何苦心孤诣以成此概念，并实用此概念呢？他曾以伟大的成功与能力，在各种方面去这样子作。他有一种为历史本身的历史的纯爱，一种特殊的历史的洞见；他有一种静穆、无偏执、公平的心。他以感情与判断的大量与温和著称，此种大量与温和，同时不曾排除一个为人类福利的热心，给他以他的题目所需要的观察的广，固及公平的明晰。与孟氏同时的人们，大抵都有一个公共的过误、偏私、哲学的分派，因为轻蔑他们，或为达一党一派的目的，往往颠倒事实，此为其时代的通病。独孟氏中此时弊最少，故至少能达于纷纭众多的社会现象的近似的说明。

虽然，终有一个危险，横在孟氏面前而卒未能逃过；这一个艰难，孟氏终竟未能越过，就是太把法律看作孤立的事实，看作独立的现象，看作静止的与完全的存在了。这是不但不知道一个法律对于别一法律的关系，并且不知道一个法律的阶段对于别一阶段的关系，并且不知道法律的每一阶段与系统，对于宗教、艺术、科学与产业的共同存在，及同时代的阶段与系统的关系。社会现象如法律者不能如自然哲学与化学的纯粹物理的现象以为说明。他们所有的最殊异的特质，存于他们的不断的演化或发展的能力；惟有依他们的演化的研究，依他们的相衔接的情状的比较，并那无情状和社会的共同存在的普通情形的比较，我们才能合理的希望达到一个他们的法则的充分的智识。于此我们找出孟德斯鸠的弱点来了。

孟氏最勤于事实的搜集，而有异常敏捷的直觉以喻此等事实的意义；但他没有适当的科学方法，没有历史现象特殊性所致必要的演绎程序的限制之一定解释，他少用或不用那是历史哲学的方便者，这即是共存的与衔接的社会情状的比较。他恒少注意或竟全不注意于他的事实的编年，然此是那些事实的比较最要紧的条件。其故乃在于他不曾注意比较那些事实之重要，经由他们演进的全程，以溯迹他们之重要。换句话说，这点是他想建立一种科学，而不自求助于只有由他科学才能建立的惟一的方法。虽此于其系统成为其所研治的一类社会现象的完全说明为不幸，然严责孟氏以错误，亦殊为不公。因为鲍丹在此根本点上，固然曾有更绵密的、更哲学的观察；而同时吾人亦允宜谅恕十八世纪的任何人，斯因其未喻。盖比较立法的科学之最完全者，与宗教的比较研究相类，同为十九世纪之创造也。

缺一个真实的研究的方法，除去任之于偶然的机会，孟氏斯不能发见联接诸事实的普通法则。历史的法则是发展的法则；吾人设若不解任何事实的发展，将永不能发见此法则。此事实之成为现在，即依此法则而来者也。然则孟氏所曾发见者为何？不是这些事实的普通法则，乃是这些事实的一些一定的特别理由。虽然忽视了社会现象的殊异的特质，而斯则在一定的程度，于孟氏为可能。一个普通法则之所不能达者，一种智力在其直觉上若彼其锐敏，或尚可以看出于一种势力或多种势力中，某项一定的法律与习惯有他的渊源；而此即孟氏曾为之而以希有的程度告厥成功者也。他的认识的迅捷思想的醒快熟悉于人类动机的活动，他的关于历史、旅行、自然科学研究的广博，皆足与彼以异常的推测力，而致彼能达于在一大批事例中社会的用法与法律的近似的说明，他人于此，固将束手也。虽然，推测的材能，纵极高妙；亦未有能供给科学方法的地位或引出非最卑微的历史哲学者。即令偶或可遇，如于孟德斯鸠者然；而其饶于一种真理者，亦终不免又饶于幻妄；即或常能捉住真实，亦将同样自欺以冥想也。只有一个完全无疵的方法，其力乃足以统一一贯，辨别真妄；此于孟氏之例，即足以完全证明其中之富于伪妄，与正确的推论正复相等。盖皆真妄互见，其量维均，凡于孟氏著作有严正的研究者，殆不否认此说也。

缺乏研究的科学的方法，亦为是书安排错混，结构紊乱之源。固亦有人焉，不承认此缺点。既经拒否此缺点存在，且更进而赞誉此种方法，实简而大。但此只以证明他仅在表面上研究孟氏著作而已。有一种松缓的外部的秩序与一种秩序的显现，但他所有的秩序都是外表的，而混乱却是内部的，而且彻头彻尾，都是如此，故考查亦不能寻得结果。那些思想是并置的，不是组织的联结的，因他们曾纯为勤的搜集与暗示之丰饶所积聚，非为科学的方法所表明与集合者。

科学的方法的缺乏，及其以零屑的孤立的现象待遇法律与习惯的结果，并他们对于特别原因而非对于普通的法则的关系，把孟氏披露于最共同的责备之前。责他以事实与权利相混合，即以一事物的说明与其是认相混合。此之归罪，往往表示的过度。由大体观之，此事并无何种证据被罪孟氏，或未为见。那一句反复常言的话"当是"（"Ought to be"），是暧昧而可以驳拒的。然其意义，定非表示道德的、合理的必要；不过是一种恒在一个原因与其结果中间的实际的必要。虽然，他的研究的方式，倾于归咎于他的严重的紊乱，彼恒不能自守审慎以离于陷入此紊乱的疑境也。

孟氏的书的主题为法律，故他特以总论法律本质的两章冠首。虽此两章曾恒被过度的推奖，而不幸实难满意。这两章的辞语，应用起来，那样子暧昧；不但用于一切种类的法则，物理的与道德的，自然的与人为的，本当的与隐喻的；并且用于许多永不以此语称谓的事物。在此两章中，并未有分析法律一辞的混乱的暧昧的企图，亦未有辨别说明各种法律的企图，且有最暧昧的甚且是一个错误的归纳法本质的概念，潜行于此混乱之下焉。此全体论文之所确证者，那样一种法律究为何物，孟氏盖未尝有明了正确的概念，吾人可于此两章中察之矣。

在现代科学的意义上，一个法律的明白的可以自觉的领会的解释，实为希腊、罗马或中世所未悉。此在彼未尝溯迹观念史者闻之，或以为似不可信；而明于观念史之往迹者，则绝不以为奇。原则（principle）一语，亚理士多德尝归之以七种意义，而未有一焉符于法律的现代科学上的意味者。在他的《形而上学》（Metaphysics）第四卷可以说是一种的哲学语汇；在那里释了三十个名辞，而法律一辞又不与焉。由古人思之，法律是一种式型或观念同着一种外部的适合于他的东西；孟氏的思想，并不见得加切加确于"法律是起自万物本性的必然关系。"一个玄学家、神学家，或可以此为满意；至于研究归纳的科学，如物理的、心理的或社会的科学的学者，则断不然矣。

虽其许多缺点为吾人所显见，而此两章亦有伟大的功绩焉。如断言社会制度与条令，不单是任意的制作，必当建立在理性上，在万物本性上也；断言有些平衡的关系，这是人类不去创造而只假定者也；断言变化如社会所取的形式之多，他们都是渊源于一个通于人人的人性的诸原则，或为所贯彻也；凡此皆为吾人所必当承认者。不宁惟是，随着此根本的统一之承认，亦有表层构造的变化之最清晰的承认焉。在孟氏的见解，以为法律的必要，是适应于各民族与时代的不同的特殊性，而此等特殊性乃有那样断然的重要，适于一民族的法律绝难宜于他一民族也。他这样子一面自别于空玄的理论家，一面又自别于粗陋的穿凿文义的经验家，以寻政治智慧的黄金意义焉。

　　孟氏以"法律的精神"，指法律原始并存在于其中的关系的全体。这些关系中最重要的类目，是那些于其中法律依于各种政治的关系。此种关系的类目，除去反复见于他卷中者，几为九卷以上的总题。孟氏分政治为君主制、专制制、共和制三种：单独的人身以一定的法律统治者，谓之君主制；单独的人身按其自己的意思统治者，谓之专制制；统治权在二人以上的手中者，谓之共和制。共和制下又分二类：国民全体有此统治权者，谓之民主制；一部分人就此统治中各有一份者，谓之贵族制。他努力以与这些政治以特色，发见他们的原则或动力，并指出随着他们各该的性质，什么法律在那里流行，什么是他们的强弱之源，什么是适于他们的教育制度，什么是在他们中最有力的腐败的原因，并如何随着他们的各该资禀的变化，民刑法典、节用法、关系妇女的法律以及攻守战争的军事计画，必变化亦如之。这样的作，他达到很多的结果，常是些极远而且异样的结果。他陈述这些结果，多以概括绝对的肯定行之，那些肯定几乎是伪妄与真实一样的多。

　　在此书的此一部分中，尚有一更大的缺点，比真实的与伪妄的断定之交混尤甚。此一缺点，实即真伪的断定，交混之源焉。此一缺点为何？即二种方法之混用而实行是也。例如吾人设欲明君主制的性质与结果，我们依归纳法以进行也可，依演绎法以进行也亦可。用归纳法，则必竭力以由一切君主制的考察于专属于君主制的性质中，综概其共通于君主制间者，而求得其通性；用演绎法，则必由一定义出发，此定义也，即体现吾人所假定为君主制的特殊性质，而逻辑的发展其所包含者。设取前法，则其归纳，必须充分的扩延而详审；若取后法，则其含于定义中的假定须正确，而其演绎亦必为严格的。此二种方法的结果，当一致以与相互的验证。但为为此，这二种程叙，须分别的清清楚楚。归纳之行也，必须别于演绎；而演绎之行也，亦必须别于归纳。理想的与经验的，除非他们相遇于一定的联合点——根本的实在，必不许相与结合。设使孟氏或是这样作，或是墨守于二个方法中之一，将永不能达到那样多的普通定理。以每个归纳的基础的延长，每个严重验证的努力，彼将察得那些定理中有许多无复存在的余地；从而知指出为政体之纯粹结果的特质，其事固极难也。孟氏的理论，大部分为由于假设的前提的演绎结果。他的推论，除去限于所假定的假设是符于事实者，纵令正当的引出，亦只有逻辑的而非实在的正当。他将自觉不能不严格的研究他们是如此与否，将迅速的认识像为他所说明的君主制、专制制、共和制等，只有一个理想的存在。他所下的定义，与他们所依据的分类，在过去的历史、在现在，除非是最遥远的，没有适合于他们的。这是因为他既不自守于归纳，又不能自循于演绎，只是由一程叙通过到别一程叙，或把一个程叙同别一个程叙以不合法的办法混杂起来，他所得的结论，所以如彼其易也。惟其然也，所以一方当他作些殆皆抽象的确认时，他能自信在他的叙述中抽出并集中人类立法的经验；一方把很狭隘的经验的统合，提到几乎和必然的真理平列的地位。故把法国君主制的特殊性，变成君主制的根本的属性；把东洋的专制制的特殊性，变成专制制的普遍的属性；把希腊的共和国，变成共和制的普遍的属性了。

当孟氏论政治论到他们自己的本性并他们相互间的关系时，他未曾像亚理士多德与鲍丹，努力以溯迹他们的革命与变迁；他未曾陈述人性的总运动的理论，亦未曾尝试过普遍史的行程的任何考察。

关于政治的组织、市民的安固并租税等法律对于自由的关系，是十一、十二、十三卷的主题，是皆精心结构以为之者。尤以第十一卷特别用力，为其三权论——立法、行政、司法——应用于英伦宪法之解释也，为其英伦宪法之褒扬也。三权的普通理论，并为洛克（Locke）及孟氏所采自亚理士多德者。孟氏之应用此说也，或为洛克的《政论第二集》（*Second Treatise Concerning Government*）及在乔治二世（George Ⅱ）时保守与进步两党（Whigs and Tories）的小册子所暗示；但洛克及英之两党中任何小册子的作者，均未曾作得那样明显。H. Janson 说孟氏之权论的渊源，为 Swift 的《雅典与罗马的贵族与平民间争轧论》（*Discourse of the Contests and Dissensions between the Nobles and the Commons in Athens and Rome*），此见解亦错了。孟氏论英国宪法，并未替他的观念要求独创权；而大陆及英之作者，辄以是归之，而无所于驳难焉。Blackstone 在他的《纪录》[*Commentaries*（1765）]里，De Lolme 在他的《英国宪法论》[*Constitution of England*（1775）]里，相继益张其说；以迄于今，仍为论英国宪法制者之所许。

孟氏之褒扬英宪，往往为人所误解，所虚诬。其褒扬不过仅指其对于政治自由的关系，仅指其所作成的法律下的安固而已。孟氏曾有甚不赞成英人的政治、道德、荣誉的意见，并且注意到平等。拟想他以为政治的自由平等运用政治的组织便可获得，是毫无依据的。使孟氏或显或隐果曾教人以移植英宪于法国，足为法国的弊害的一个适当的救济者，则彼且犯最矛盾之大嫌矣。人为的制度与法律，是一个民族性的效果，而不是他的原因。希望由移植一民族的法律制度于人种精神的、道德的质性，历史的往例，与物理的境遇，异于是邦之他一民族，而能得有任何利益者，必绝无效。是乃孟氏法理的、政治的学说的真正的神髓。

其次的四卷，论物理的作用的效力及于社会的制度及变迁。什么是那些其姿态最易于法律习惯中为一个没有好过孟氏所曾有的研究方法的思想家所指出的影响呢？这里只能有一个唯一的答案，曰：物理的影响耳。在影响及于人而范成他的运命的势力中，没有是那样显著的，那样明了的。孟氏求所以说明历史者，重要的即由这些物理的影响。文明如何为外界的行动所限制，一个民族的法律和那个民族的社会的与道德的生活的成果，如何与温度、土壤及食物相关联，这于孟氏是根本的问题，他尽其全力以解决此根本的问题。

谓彼已经解决了这根本的问题,是无稽之谈。即至于今,物理作用及于人的发展的影响,我们所知道的,只是很不完全的一点。气象学家、化学家、物理学家、人种学家,以及政治经济学家,在历史哲学家关于此大而重要的问题,将能宣告一个适当的断定以前,都还有很多要去发现。孟氏所曾陷入的错误,似有主要的两点:他在物理的原因的直接与间接影响间,未曾引出断然的分别,这是一个实在根本的分别。气候、土壤与食品的直接动力,恐植微弱,而其活动,亦极暧昧,人之知之也,亦微小而不明;或者即一个关于此的单独的普通肯定,因尚未有确乎成立者也。反而观之,那间接的影响,即物理的作用经由他们所激动的社会的欲望与活动的媒介以行的影响,则为极大。自孟氏以还,关于迹溯此影响之所成就者,殊非鲜也。例如在一方面,有地理知识的进步;在另一方面,亦有政治经济科学的进步。今皆容许吾人以孟氏之时所不能梦见者之透澈与明晰,考究地理的与经济的事实间的全范围与关系;而一切社会现象较高的类目,皆密切的与经济的事实相伴随,其理将无人能否认也。

适才所揭的错误,与他一错误相关联。那物理的作用的直接动力,很明显的是动力的必然的样式。这是离于意志的动力。在此动力中,人是被动的。反之间接的动力,则假定人的方面的一个反动,一个人性的发展,在此欲望兴奋之下,依活动的力量以适宜于他。此两种动力的形式的交混,斯易暧昧了人类自由的重大的事实,孟氏即蹈于此弊者也。固然,他亦明白的确认过他的对于自由的作用的信念,而亦拒辟过宿命论。但他在他的实用上,有时忘记了此种陈白。即使不曾简直的表明,至少亦曾常常的暗示过法律是风土的创造物的推论;又曾披露过人性在外的影响之下,是塑型的、被动的、远逾乎人性本然的实在;在凡此者,皆孟氏所不能告无罪者也。惟其然也,所以他表明那热带区域的民族,如遭刑制于物理的势力重压之下,而堕于无能免的奴儓与灾害也。夫物理的境遇之与热带国家的奴僇灾害，良有很大的关系，今已无容或疑；而外界自然丰伟可怖之所，自然乃易施压迫、腐痹、制御于人，而财富之不平的分配，过度的空想，于社会有害的迷信的普行，亦受自然之赐而于焉以起矣。使此事而果然也，这亦不过为真理之半，此外尚有与之相关的真理焉。物理的势力之及于人类生活者，不是绝对的，而是关系的其种人之有益或害也，全视其所及于影响之人的财富与智识，尤其是元气与品德如何而定。那有罪过的，不曾是自然，而恒为人类。使其真理之半与其相关的真理分开，则实际上并那真理之半而亦成为虚妄矣。康必业说过："在印度太大的，不是自然。不是自然他是过度了，而是人他是太小了，人他是太缺乏了。人没有什么他应当作，没有什么他愿欲作，一个相当的人的。他缺乏此智能，真理的爱，人身的威严的感觉，入于真实人格的组织中的道德的宗教的信仰，故自然之动作乃为人的仇敌。但若让人有这些智能等等，给他这些智能等等，自然将立即周旋于人之侧而供人之驰驱矣。除去限于人于他自己是一个仇敌外，自然决不是人的仇敌。"（见 *M' Combie's Modern Civilization in relation to Christianity*，pp. 50, 51.）

在这些卷里，虽感有宿命论的倾向，而此改正的救济的真理，亦能不远而求得之。此真理被建立而应用于次卷。此卷明白的论关系于形成一民族的普通精神、道德、风俗等的原则的法则。蛮僿之民，于此种普通精神，或全属阙如，或仅稍与于一部分，结果将为物理的势力所左右，所决定，而莫能抗；若乃文明之民，则为一共通精神所普化，事实上这只是他的文明的全体的别辞罢了。此精神是民族生活的实体，是他们的行为的主要泉源。载着那些不知有此者和那些反抗乎此者沿着他的线路以行。除非徐徐为之，或由许多作用的辐辏，他是不能被变动的。法律所能对制他的，亦极微弱；而他却能很有力的影响及于法律，能使他们（法律）被人敬重或被人蔑视。在此卷中，有此大原则的陈述、证明与多样的应用。此大原则是孟氏已经在《罗马兴亡论》里用很巧练的态度举过例证的。历史行程，全为普通原因所决定，全为广布而永存的倾向所决定，全为广而深的潜流所决定；而为单独的事变，有限的议论，特殊的制定，任何偶然的、孤立的各个事物，所影响者，实微乎其微，只在次副的附属的程级而已。这是一个开一新纪元的原则。此原则的承认，是历史科学可能的一个根本的条件。驳拒此原则，是无异于宣告那样一种科学是诞妄无稽；是认此原则，便是表明用必要的尽力，历史科学将不难兴起；依此以行，用此以行，即是努力于历史科学的组织。孟氏以其透辟的观察，澈悟此原则；以其后来未或能越过的天才与诚实表明之，于历史科学，实为一崇高的贡献。

其次四卷，于他们的对于法律与社会变迁的关系上，论商业、货币与人口。此可与第十三卷论一国民的岁入、租税，与其国民的自由的关系者对读。此诸卷把经济的原素引入历史科学，不论这些卷里的经济论的误谬是怎么样，这已是一个绝大的贡献。把这个贡献的荣誉，归之于涂尔高（Turgot）、孔道西、桑西门、孔德诸人，未为允当。这个荣誉，当专归之于孟德斯鸠。固然，为的使归于他的荣誉不逾他所适当的分际，我们必须记取，当他著书的时候，经济科学方将活泼泼地植基于法兰西；Vauban、Boisguilbert、Dutot 与 Melon 等，刊行了些关于经济学的著作；而 Quesnay 及其他有名的重农学派的创立者，亦多为其同时之人。事实上政治经济学，那时已经过经济学史上一个最有兴味的时期；这个时期，反映一个变革于社会本身的历史上，此种变革乃适应于一个伟大的国民运动，这就是法国的封建的与神学的绊锁的打破，与跳向俗世的产业的政制的运动。孟氏论经济问题时，陷于数多误谬，而后来不久即被 Quesnay、Adam Smith 及他们的门弟子们明确的发露出来了；亦有数多真理未能观察清楚的，而后来不久即为他们明确的建立起来了。他在政治科学史上，占很重要的地位。但正值两类的经济的理想,两种制度,交混互遇,旧的未死,新的方生的时会。此于孟氏论商业、租税、货币与人口诸问题的观察中,所以发见许多矛盾与误谬也。旧原则与新原则,重商主义的原则与重农主义的原则,交相宰制于其心中,他于二者中不能作一个断然的选择。但他的智力的优越,即在经济学的局部中,亦明白的显露出来。他的关系于经济学的伟大而特殊的功绩,乃在他首先把经济的与历史的科学牵到一块儿,强他们在社会现象的说明中合作。他如斯以指出一条无尽的搜寻的新径路,陈于二种科学之前。

这两卷论宗教的信念与制度及于法律与政治的影响的,虽未能尽其论题之什一;而即在其论之范围内,亦见足称为明言达论焉。这两卷中的议论,承认宗教的必要与重要。反省与经验,提命孟氏觉出他早年关于此问题的意见与感情,缺乏公平与温和。与他的 *Lettres Persanes* 的口调的相对照,温暖的多,恭敬的多了。并且看出基督教的功绩,特别是他的贡献于社会的大的多。此二卷中的主要错误,与前卷论人口者同为关于实际者。

第二十六卷及二十九卷,关系于法理学者比关系于历史哲学的多。第二十七卷,是论罗马承继法者,是历史的,但殆无甚重要。

第二十八卷,论法国法律中民法的起原与革命。还有两卷论封建制度的,他的巨制,即以此终结。这亦是真正的有价值的,其裨益于历史哲学者,亦不减于法律学者。虽然有许多事实与理论的错误,被指出于此两卷中;他们显出一种在孟氏时难得与希有的学术,并且显出一种在任何时代希有的历史的联合的创造与权威。他们有大影响于指导唤起研究法国中世社会与封建制度的起原、制作与组织,是无疑的。

孟德斯鸠未曾有建立历史哲学的志愿。像 Alison 之所为,宣称孟氏是历史哲学的建立者,是过度的赞美。即如 Comte、Maine、Leslie、Stephen 辈之所为,称孟氏为史学方法的建立者,亦似是言过其实的褒扬。他以大规模和最有力的方法指出法律、习惯与制度等，只有以他们实在是什么东西，以历史的现象被研究的时候，才能合理的被判断；指出他们当如本来是历史的一切事物不按一个抽象的绝对的标准，而以之为关系于一定时地将实体的实在关系于他们的决定的原因与境遇，关系于他们所属的全社会有机体，关系于他们所存在的社会的媒介受评量。柏拉图、亚理士多德、马基亚威理、鲍丹固皆尝谆谆教人以历史的与政治的相对性；直到孟德斯鸠，才获见教化的欧洲承认此理。他的成功，大部分当归之于时代的成熟，但亦有几分是应归之于他自己的天才与技能，与历史的相对性一旦为人所认识；历史学派的崛兴，历史方法的发展，乃至历史科学迅速的进步，自皆随之而起矣。

孟氏固未曾在进步论的使徒中点位置，进步论在他的心中未尝确立何把握，但他是在产生进步观念的智力的风土长起来的。他曾被养育于 Bayle 的溶解的辩证法，笛卡尔派自然法的陈述上的。他的著作所与的贡献，不是属于过去论的，乃是属于未来论的。

他企图着把笛卡尔派的理论伸张到社会的事实上去。他把政治的现象，同物理的现象一样，放在服属于普通法则的地位。他既经认知此观念，他的最显著最重要的观念；当他著《罗马兴亡论》的时候（一七三四年），便即于其中实用此观念：

> 我们从罗马史里，看出支配世界的不是幸运。有些普通的原因，动作于每个王朝中，兴起之，维持之，或颠覆之。凡所遭遇，都服属于此等原因。设若有一个特别的原因，各同一个战争的偶然的结果，曾经毁灭了一个国家；这里一定有一个使他灭亡的总原因，而从一个单独的战争结果了。简单一句话，本原的运动，牵引着特殊的事变随着他行。

他既排斥了幸运，那么"天命"、"上帝的计画"、"最终的原因"等等，亦当在屏弃之列了。而孟氏不能漠视的《罗马兴亡论》的效果之一,就是不信包绥的历史论。

他在《法律的精神》里,给我们以一个新原则,这就是普通原因的动作。但他只把道德的与物理的分清楚了,并没有把他们再细分类。我们实无保证他把道德的原因都枚举了没有;那些是本来的亦未由那些是取得的分清。孟氏给印象于读者的神智中最清楚的普通原因,是物理的环境——地理与气候的原因。

气候及于文明的影响,不是一个新观念。在现代我们所曾见的,如鲍丹,如丰田内列(Fontenelle)皆能知认之;如 Abbé de Saint-Pierre,曾用之以说明回教的起源;如 Abbé Du Bos,则于其 *Reflextions on Poetry and Painting* 中,主张气候辅助着决定艺术与科学的时期;如 Chardin,则在他的 *Travels*(这是孟氏所曾研究过的一种书)中,亦曾觉得气候之重要。但孟氏引出一个对于气候的普通的注意。自他著此论后,地理的情形,为所有的研究者认为在人类社会发展中是一个最有势力的动因。他自己的关于此问题的讨论,未有什么有用的断案的结果。他没有决定物理的条件的动力的限度,读者不易知应视他们为根本的,抑为附属的;为决定文明的径路的,抑是仅仅搅乱他的。他说:"有好几个事物支配人,气候、宗教、法律、政治条令、历史的例证,道德、风俗,以什么东西形成一个普通精神(esprit général)为他们的结果。"这把气候与社会生活的成果平列,是他的无组织的思想的特色。但孟氏所去作的标点,是在指出一民族的法律与其普通精神间的相互关系;这个注意,是很重要的。这个点出一切社会生活的成果是密切的相关的理论。

在孟氏的时代,人们都在立法有几乎无限的力量,以限制社会条件的迷想之下。此例曾见之于 Saint-Pierre,孟氏的普通法则的概念,当为此信念的解毒剂。然而其效力及于他的同时的人,不为我们希望其所可有的那样多;而他们复利用孟氏说过法律影响于风俗的话,以张其所志。有些像孔德所揭论的,他不能给他的概念以何等的强固与气力,正因他自己亦在不自觉的过信立法行为的效力影响之下。

孟氏论社会现象的根本的缺点,在他把社会现象悬离于他们的时间上的关系。企于说明法律与制度对于历史的境遇的相互关系,是他的功绩;但他不曾分别或联结文明的阶段,如 Sorel 之所曾观察者,他颇偏于混同一切时期与组织。不论进步的观念的价值若何,我们可以赞成孔德的话,若使孟德斯鸠捉握住进步的观念,他必能产生一种更显赫的事业。孟氏之未捉握住进步的观念,亦孟氏之不幸也。

韦柯及其历史思想

韦柯(Vico,1668—1744)南欧义大利人。千六百九十七年充修辞学教授,颇著声誉。但他的学问的特点,却不在修辞学,而在其具有哲学的说明历史学的伟大的学力。他不只是历史哲学的先驱者,简直是历史哲学的创造者。晚年的生涯,纯是有光荣的历史学者的生涯。千七百三十四年,为拿波利王室的史料编纂官。

他的名噪一世的著作,是《关于国家的普通性质的新科学的原理》(*Principĭ di una nuova scienza d'intorno alla comune natura della nazioni*,1725)。他的论文,有经 Ferrari 为之说明而刊行者,*Vico*,*Opere Ordinate ed illustrate da G. Ferrari*,*Milauo*.(1852)便是。此外尚有 Ursuni-Scuderi 著的《晚近社会学创造者韦柯》(*G. B. Vico Come Fonbatore della Sociologia Moderna*,*Palermo* 1888),义大利近世社会学泰斗 Cosentino 著的《社会学与韦柯》(*La Sociologia e G. B. Vico Savona* 1899)等书。而 Gumplowicz 著《社会学原理》亦于社会学的历史篇中,认韦氏为先驱者。足征韦氏在近世社会学者界实占重要的位置。经济学者塞利格曼(Seligman)于所著《历史的经济的解释》中,亦称韦柯与孟德斯鸠是十八世纪许多主张外界对于人类事业有莫大影响的著作家中最著名的。

在义大利的社会学先驱者中,其社会学思想堪与孔德并驾齐驱者,得罗马诺西(Romagnosi)、谷拉齐亚(Grazia)、韦柯(Vico)三人。罗氏的社会学说中的《文明论》,实足以凌越基左,而与孔德比肩;谷氏发表历史三期说，足以唤起孔德的神学的、形而上学的、实理的三段时期说。

孔德亦认韦柯于社会学有深远的造诣，是知二人的学说间必有共同的点。韦氏之为哲学的考察，不忘以历史的人间经验事实为其征验，与孔氏排斥神学上的存在与形而上学上的先天实在，纯征人间的论理性与人间经验的事象，而立关于人类社会的哲学的系统，实相符合。

韦氏为新立人类的科学，即社会的科学，所采用的方法为归纳法，而以经验派在义大利学界〈比〉〔占〕重要的位置。Espinas 批评他说："韦柯采取的方法，与笛卡尔氏采取的方法全相反对。由来欲建设社会诸科学，必从抽象的几何学的观念演绎；至于韦氏，则全然相反。他从历史学、文献学所给与的实证的材料归纳，努力以图建设关于社会的新科学。"

Espinas 在所著《义大利经验哲学》，寻求经验哲学的根源于义大利，同时并觅社会的探究于义大利，而列举经验哲学派多家，韦柯亦在其中。

韦氏为经验哲学派。其专门的造诣，乃在历史，故能开拓历史哲学的新方面。韦氏曾说："经验的知识比反省先进。"可见他非常的重视经验的征验力。他对于从来的哲学，极不满足。他说："从来缺乏把人类历史与人类哲学合而为一的科学，哲学家与宗教的实在并形而上学的实在，有深且不可离的因缘；不敢由别的立场考察人类性。"那么韦氏对于人类性取如何的立场，从而为如何的新考察呢？他的立场与考察点，当在他的学说占重要的位置。所著《新科学论》，便是本此目的以著其说者。

韦著《新科学论》之所谓新科学，以现代的学名名之，可以看作与社会学的名目及其内容相等的东西。他的著作，是由社会学的见地，论究国民的起原、发达、衰颓、灭亡的东西。国民便是此新科学的对象。他把国民的起原、发达、衰颓、灭亡，从人间历史的经验的事实归纳，以图于此树立人类性之道德的原理、政治的原理、权利的原理、法律的原理。这样子得的原理，实为历史的真要素。

他的研究方法，既为经验的归纳法，故其锐利的观察力，往往带唯物的倾向。此点与黑格尔全然相反，颇有马克思派的倾向，以唯物史观的原理或仅由物质的方面解释欲望说的原理为主。他把自然的环境及于个人及国民的影响，看得过大。孟德斯鸠的学说，实承其绪余而起者。

韦柯是社会学的先驱者，是历史哲学的建设者，是唯物史观的提倡者。

在布尔奔(Bourbon)恢复之下的法兰西，开始从 Madame de Staël 所扬言的德国想像的深晦中寻新光明。Herder 的《理想》(*Ideas*)，为 Edgar Quinet 所翻译了；Lessing 的《教育》(*Education*)，为 Eugene Rodvigues 所翻译了；Bousin 是承接 Hegel 的思想的；同时韦柯在历史哲学所放的光明，亦发见于义大利，他的《新科学论》，亦为 Michelet 所翻译了。韦柯的书，此时出世已有百年之久。他的编年上的位置，没有多大的关系；因他未与何影响于世界。他的思想，在十八世纪时代错误 (anachronism)，他应该产生于十九世纪。他并未宣明或知认何等进步论，但他的想象在他的说明中很迷惑很混乱的，包含着似是预期成立那样一个学说的基础的原则。他的目的，是 Cabanis 与观念学者的目的，置社会的研究于经由笛卡尔与奈端的功业，曾为自然的研究所确立的同一确实的基础上。

他的根本的观念，在社会史的说明须寻之于人类精神中。世界初是被感觉的，不是被思想的；这是自然状态中野蛮人的境遇，他们没有政治的组织。第二精神状态，是空想的智识，诗的智慧，那英雄时代的较高的半化时期，适合于此。最终是概念的智识，随着他来了文明的时代。这是每个社会都经过的三阶段。这些型式中的每一个，决定法律、制度、语言、文字与人的性质。

韦柯在 Homer 与古代罗马史的研究中，著手作他那有力的搜索，以期得到一个英雄时代的观察点。他断言除非我们超越过我们自己的思想的抽象方法，由一个强迫想像的努力，以原始的眼光注视此世界，他不能够被了解。取回古人的观察点的失败，使他知道历史为不知心理的差异的习惯所损害。他是远在他自己的时代以前。

集中他的注意于罗马古代。他取罗马史的革命，为社会发展的模范的规绳。贵族政治（古代罗马的王政与何美儿的王道在韦柯眼中都纯是贵族政治的形式）、民主政治与君主政治的继续，是政治的政府必然的结果。君主政治（罗马帝国）适合于文明的最高的形式，达于此后又如何呢？社会倾于自然的无政府的状态，由此又转入较高的半化时期，即英雄时代，随着他又是一个文明时代。罗马帝国的瓦解与蛮人侵入而后，随着即是中世。在中世中，但丁当了何美儿的地位。现代的时期，以其强盛的王政，适合于罗马帝国。这是韦柯的反复的原则。使此理论而澈底，他的时代的文明，必仍废弛以归于半化，其周环又将复始，亦为应有之义。但他自己未曾直接的陈白此断案，或敢于为何等的证明。

他的学说很容易适用于进步的概念。在他的周环中，适当的时期不是一致的，不是实在类似的。不论何等相似的点，都可被发见于早年希腊或罗马与中世社会间；但那不相似的点，益加繁多而明显。现代的文明，在根本的方面，远大的方面，都异于希腊与罗马。假定普通的运动，把人重复带转回去，重复回到他所出发的点，是诞荒无稽。所以设法韦柯的反复说有何等价值，这只是指社会的运动可以视为螺旋的升高。故每一向上进步的阶段在一定普通的情状，适合于曾经被妨害的阶段。此种适合，是基因于人的心理的本质的。

一个此类的概念，在韦柯的时代或其次代，不能为人所领会。他的

《新科学论》，放在孟德斯鸠的书库里，未曾用之。但在后来的法兰西，自然要发生兴趣了。因为德国的理想的哲学，那时在法兰西惹人注意；而观念学派的法兰西人，亦正在那里如韦柯本人一样寻求一个综合的原则以说明社会现象。虽韦柯的论点像他的方法一样，均异于德国的理想派；然他的想像，总有些是和他们的相共同的。以必然的决定行程的阶段的心性说明历史，是双方相似的。韦柯与他们不同的点，在德国思想家，求他们的原则于逻辑，而应用之由因以到果；韦柯求他的原则于实体的心理，从事于劳苦的搜索中，依历史的实际的与件，由果到因以建立之。但是双方的想像，都提出人类发展的行程适合于精神的行程的根本的性质，不为天命的干与或人类意志的自由动作所移于一侧。

马克思的历史哲学与
理恺尔特的历史哲学

哲学者，笼统地说，就是论理想的东西。理想表现于社会上，或谓以全体而为统一的表现，或谓以部分而为对立的表现。主后说者，谓理想之对立的表现者，为政治，为法律，为经济。所以社会哲学云者，人有释为论社会的统一的法则性的东西；亦有人释为政治哲学、法律哲学、经济哲学的总称。

把立于经济的基础上的政治、法律等社会构造，纵以观之，那就是历史。所以横以观之，称为社会哲学者，纵以观之，亦可称为历史哲学。具有历史的东西，固不止于政治、法律、经济等，他如学问、道德、美术、宗教等所谓文化的理想，亦莫不同有其历史。然普通一说历史，便令人想是说社会上的政治、法律和经济。再狭隘一点，只有政治的历史被称为历史，此外的东西似乎都不包括在历史以内。这样子一解释，历史哲学由范围上说是社会哲学，而由内容上说便是政治哲学，这未免把历史哲学的内容太弄狭了。

今欲论社会哲学与历史哲学的关系，必先明历史的概念和社会的概念；今欲明历史和社会的概念，最好把马克思的历史观，略述一述。因为马氏述其历史观，却关联历史和社会。原来纵观人间的过去者便是历史，横观人间的现在者便是社会，所以可把历史和历史学与社会和社会学相对而比论。

马克思的历史观，普通称为唯物史观。但这不是马氏自己用的名称。此名称乃马氏的朋友恩格斯在一八七七年始用的。在一八四八年的《共产党宣言》里和在一八六七年出第一卷的《资本论》里，都有唯物史观的根本原理，而公式的发表出来，乃在一八五九年的《经济学批判》的序文。在此序文里，马氏似把历史和社会对照着想。他固然没有用历史这个名词，但他所用社会一语，似欲以表示二种概念：按他的意思，社会的变革，便是历史；推言之，把人类横着看，就是社会，纵着看就是历史。喻之建筑，社会亦有基础与上层。基础是经济的构造，即经济关系，马氏称之为物质的或人类的社会的存在。上层是法制、政治、宗教、艺术、哲学等，马氏称之为观念的形态，或人类的意识。从来的历史家欲单从上层上说明社会的变革即历史，而不顾基础，那样的方法，不能真正理解历史。上层的变革，全靠经济基础的变动，故历史非从经济关系上说明不可。这是马氏历史观的大体，要约起来说，他认以经济为中心纵着考察社会的历史学，对于历史学而横着考察社会的，推马氏的意思，那是经济学，同时亦是社会学。

相对于马氏的历史观，有一派历史家的历史观。在中国及日本，这派历史家很不在少。他们大抵把历史分为西洋史、东洋史、国史，认以政治为中心纵着考察社会的，为历史学。以政治为中心，即是以国家为中心，国家的行动依主权者的行动而表现，故以主权者或关系主权者的行动为中心以研究社会变迁的，是历史学。然则马氏的历史观与此派历史家的历史观其所执以为中心者虽彼此各异，而其于以社会变迁为对面的问题一点可谓一致。

由马氏的历史观推论起来，以经济为中心横着考察社会的是经济学，同时亦是社会学。那么由此派历史家的历史观推论起来，似乎以政治为中心横着考察社会的，应该是政治学，同时亦是社会学。然于事实上，他们并不这样想。他们并不注意政治学、社会学的学问的性质，只认以政治为中心研究社会变迁的是历史学罢了。

今日持政治的历史观的历史家,因为受了马克思的经济的历史观影响,亦渐知就历史学的学问的性质加以研考。依他们的主张,于历史研究社会的变迁,乃欲明其原因结果的关系。换句话说,历史学亦与自然科学相等,以发见因果法则为其目的。于此一点,与马氏的历史观,实无所异。依马氏的说,则以社会基础的经济关系为中心,研究其上层建筑的观念的形态而察其变迁,因为经济关系能如自然科学发见其法则。此派历史家,虽在今日,犹以为于马氏所谓上层建筑的政治关系能发见因果的法则,此点实与马氏的意见不同。然其以历史学的目的为与自然科学相等存于法则的发见,则全与马氏一致。而于此点所受马氏的影响者亦实不为小。要之,马克思和今日的一派历史家,均以社会变迁为历史学的对面问题,以于其间发见因果法则为此学目的。二者同以历史学为法则学。此由学问的性质上讲,是说历史学与自然科学无所差异。此种见解,结局是以自然科学为唯一的科学。自有马氏的唯物史观,才把历史学提到与自然科学同等的地位。此等功绩,实为史学界开一新纪元。自时厥后,历史的学问,日益隆盛;于是有一派学者起来,以为依那样的见解说明历史学的学问的性质,不能使他们满足,因为他们以为历史学虽依那样的见解升到科学的地位,但究竟是比附唯一的科学的自然科学而居于附庸的地位,乃努力提倡一种精神科学使之与自然科学对立。这种运动的先驱者,首为翁特(德人),余如郎蒲锐西亦欲依此方法定历史的学问的性质。然翁特所主张的精神科学,由学问的性质上说,亦与自然科学相等,以法则的发见为其目的。固然依翁特的说,虽等是说因果的法则,而以为精神科学的目的者是内的法则,与自然科学所研究的外的因果法迥异。然自学问的性质上去看,二者之间无大差别。以是之故,虽在历史学上打上一个精神科学的印章,仍不能依是以对于自然科学给历史学保证独立的位置。于是有斥翁特的精神科学由学问论上主张历史学的独立而起者,则德国西南学派的文化科学是。

德国西南学派，亦称巴丹学派，此派在日本颇盛行。日本学坛一般把西南学派和北德的马尔布尔西学派合称为新康德派。然一言新康德派，普通即认为指海格尔学派分裂后以兴复康德哲学为目的而起来的一派而言，与今日的巴丹学派和马尔布尔西学派实为异派。于是有属于马尔布尔西学派的某学者自称其学派为新批评主义，以示区别。亦有人提议把德国的南北两康德派，都单称康德派。否则各用别的名称，固然在现今一言康德派，此二派外还有他派，然不是照康德哲学的原样一点亦不动的，只是以康德哲学的精神为哲学的基调的康德学派，即云限于此两派亦无不可。

西南学派与马尔布尔西学派，虽等是以康德哲学的精神为其哲学的基调，而其互相一致的点，只是关于先验的或批评的哲学方法的部分，其关于概念、关于问题，二者实在相异的点，因之关于学风的全体，亦自有其所不同。例如西南学派，则始终于纯粹理论的方面；而马尔布尔西学派，则多关涉于实际问题。尤其是对于社会问题，马尔布尔西学派的哲学者，无论谁何，皆是一面批评，一面研究，所谓社会哲学，即是此派的产物；世间称为康德派的社会哲学者，即系指此。今就直接有关系的学问论考之，马尔布尔西学派，在认识论上考察的科学，似与康德相同，以自然科学为主；而在西南学派的学问论，则对于自然科学，高唱文化科学，即历史的科学，使与自然科学相对峙。

西南学派，创始于文蝶儿般德，而理恺尔特（H. Rickert）实大成之，拉士克复继承之。今则文氏终老，拉氏亦复战死于疆场，硕果仅存，惟有理氏一人为此派的唯一的代表者了！由学问论上言之，文化科学的提倡，首先发表此论者，虽为文氏，有造成今日此派在思想界的势力者，实为理氏。故一论及西南学派的文化科学，即当依理氏的说以为准则。依理氏的说，则谓学问于自然科学外，当有称为历史的科学或文化科学者,此理一察自然科学的性质自明。自然科学的对象,便是自然;自然之为物,同一者可使多次反复,换句话说,就是同一者可使从一般的法则反复回演。如斯者以之为学问的对象,不能加以否认,因而自然科学的成立,容易附以基础。然学问的对象,于可使几度反复回演者外,还有只起一回者,这不是一般的东西,乃是特殊的东西,不是从法则者,乃是持个性者,即是历史。

然则如何而能使历史与自然相等而为学问的对象呢? 依理氏的意见,这只细味学问的性质便可知悉。学问云者,即是所构成的概念。此概念构成,从来人们认为只限于一般的东西,所以学问亦只有自然科学存在;然依理氏的见解,概念构成,没有那样狭的解释的必要,依何等方法改造对象以之取入于主观者即为概念,则与把一般的东西依一般化的方法取入于主观者为概念构成相等,把特殊的东西,依个性化的方法取入于主观者,不能不说亦是概念构成。前者为自然科学,后者为历史学,或历史的科学。

以上是把学问的对象,由形式上看,区别自然与历史的。理氏以为更可由内容上看,把一般的东西与前同样名为自然,而把特殊的东西,名之为文化,以代历史。这个意思,就是说自然一语,由形式及内容两方面均可表明一般的东西,而对于特殊的东西,历史一语,则仅能表示其形式的方面,而其内容的方面,非用文化一语表示不可。于此时会,自然虽不含有价值,而文化则含有价值;以故以之构成概念,对于自然用离于价值的方法,而对于文化则不能不取价值关系的方法;自然科学以依离于价值的方法发见一般的法则为其目的,而文化科学,即历史学或历史的科学,则以依价值关系的方法,决定只起一回的事实为其任务。

理氏关于历史学性质的意见如此。此意见发表的时候,很招些非难和攻击。即今日我们对于他的学说亦不能全表赞同。他认历史学为一种事实学,于详明史学的特性上,亦未尝无相当的理由,然依此绝非能将马克思认历史学为如同自然科学的一种法则学的理论完全推翻者。不过因为有了他的学说在普遍的科学原则之下,史学的特殊性质愈益明了,其结果又把历史学对于自然科学的独立的地位愈益提高。在史学上,亦算是可以追纵马氏的一大功绩罢了。

理氏考察学问的对象,一方使自然与历史对立,他方使自然与文化对立。他于关于学问论的著作,共有两种:一为《自然科学的概念构成之限界》,一为《文化科学与自然科学》。第一种著作,由使自然与历史对立的论点出发,进而达于使自然与文化对立的论点;第二种著作,则由自然与文化的论点,进而至于自然与历史的论点。由二作的内容比较起来,第一种比第二种大,第二种乃为说明第一种的概要者,而于立论的行序,微有不同。他于一八六九年着手第一种著作时,欲由方法上明自然科学的限界。主张历史学或历史的文化科学的独立,故其考察学问的对象,亦由基于他所谓形式上的区别,自然与历史的对立出发,诚为不无理由;至于第二种著作的内容,乃理氏于一八九八年"文化学会"的第一次例会讲演时,欲以历史学或历史的文化科学的存立为既被证明者,使之与自然科学对立而叙述者,故其考察学问的对象,亦基于他所谓实质上即内容上的区别,自然与文化的对立,以展其立论的步骤,亦是当然的事情。其第一种著作出版第一版时,实为一九〇二年,故视其第二种著作的第一版为稍迟。然其于第一种著作欲证明历史的文化科学的方针,至一九一三年出第二版时未尝少变。同时其于第二种著作,欲叙述历史的文化科学的方针,至一九一〇年出第二版、一九一五年出第三版时,亦全无改易。

理氏于一方使自然与历史对立,于他方使自然与文化对立;前者是以方法为主考察学问的对象者,后者是以对象为主而考察学问的对象者;由前者生出自然科学与历史学的对立,由后者生出自然科学与文化科学的对立。论者有谓科学根本的分类，须为唯一不动者。固然，类别科学，或以方法为标准，或以对象为标准，均无不可；从而其结果生出不同，亦是当然的事，然因是之故，致科学根本的分类，生出二个的对立，似不适当。依理氏的主张，一方的自然科学，无论以方法为主而分类，以对象为主而分类，依然是自然科学；而谓他方的科学以方法为主时则为历史学，以对象为主时则为文化科学，是非表示自然科学存有学问的独立性，而他方的科学总有些地方欠缺独立性而何？果尔，则是他的历史的文化科学的论证，尚未能云得有确固的基础，于是觉得对于理氏的学问论非加以修正不可。日本文学博士铃木宗忠氏即持此见解者。铃木氏举其修正的要点，乃在关于科学根本的分类，承认理氏以对象为标准的对立，而由是引出以其方法为标准的对立，即是把科学大别为自然科学与文化科学，而文化科学更分为历史学与组织学。

$$\text{科学}\left\{\begin{array}{l}\text{自然科学}\\\text{文化科学}\left\{\begin{array}{l}\text{历史学}\\\text{组织学}\end{array}\right.\end{array}\right.$$

　　理氏把学问的对象一般称为现实界，以为那是依超个人的主观而被构成者。铃木氏关于此点，亦别无异议。理氏又依价值的附着与否，把现实界分为自然与文化。价值不附着的现实界是自然，价值附着的现实界是文化。然彼于此，并未明言如何引出此分类原理的价值。价值预想主观，对于主观有意义者，斯为价值。理氏既以价值为标准分现实界为自然与文化以上，则不能不把他看作由主观引出者。然如斯以证，则此主观与那构成现实界的超个人的主观有如何的关联的问题，于是乎发生。铃木氏想此主观系个人的主观。固然此个人的主观，在认识论上是离于理氏的超个人的主观则为无意义者；然当把学问对象的现实界分起类来的时候，有分别把他立起来的必要。原来由认识论上说,这是立于他的超个人的主观上者,然实在说来,这是存在于现实的主观。理氏虽于学问论立此主观,而于其认识论上的意味,似未把他弄得十分明白。

依铃木氏的见解,则个人的主观离自己而见的现实界是为自然,使关系于自己而见的现实界是为文化,离自己以观则现实界,只是共通于各主观的方面现出来的;此方面以共通于各主观之故所以他被认为于主观全无关系依其自身的法则而生灭起伏者,于是得名之为自然。自然是被认作于主观无关系者,故其中不含有价值。反之,使关系于自己以观,则现实界只是于各主观特殊的方面现出来的,而不是于各主观共通的方面现出来的,惟其于各主观为特殊之故,此方面遂呈出恰如主观把他作出之观,故得名之为文化。文化于主观有特别的关系,故不得不云价值含于其中。他根据这个理由,基于个人的主观把为学问的对象的现实界,分为自然与文化,于是以以自然为对象者为自然科学,以以文化为对象者为文化科学,此二者为科学的根本分类,由方法上考察之,其理益明。夫学问既是把对象构成概念者,而概念构成云者,又不是说把对象照原样模写,是说把他改造,既云改造于此必要标准。然若只依一个标准以改造对象,合于是标准者即以为本质的东西,而被取入于概念,其不合于是标准者,即以为非本质的东西而被排斥。以故要想把对象毫无隐蔽的全都把握住改造的标准,只有一个,殊不足用,于是有立二个标准的必要。此二个标准如有矛盾对当的关系,则于一方以非本质的东西而被排斥者,于他方亦得以本质的东西而被取入,则现实界得全体为学问的对象而无挂漏了。

然则关于现实界改造的二个标准,当于何求之?铃木氏谓一得求于自然之中,一得求于文化之中。自然是于各主观共通的方面,文化是于各主观特殊的方面,互相矛盾。今于二者之中,求改造的标准,则此二个标准亦自当立于矛盾的关系。被求于自然之中者,是所谓一般的法则的概念；被求于文化之中者，是所谓个性的价值的概念。自然科学于以一般的法则为标准改造现实界时，其方法为一般化的方法；文化科学以个性的价值为标准改造现实界时，其方法为个性化的方法。更由所谓价值的点言之，则自然科学的方法，为离价值的方法；文化科学的方法，为价值关系的方法。换句话说，就是以依一般化的方法研究法则的为自然科学，以依价值关系的方法研究一回起的事实的为文化科学。依铃木氏的意见，以对象为主的科学分类为自然科学与文化科学的对立；以方法为主的科学分类，亦同为自然科学与文化科学的对立。于兹成为问题者，乃为历史学的位置。理氏对于自然科学，称为历史学，历史学的科学，或历史的文化科学，而把历史学与文化科学看成一个东西。铃木氏对于此点不表赞成。他认文化科学为可与自然科学对立者，而再由文化科学中导出历史学。

为自然科学的对象的自然，是于各主观共通的现实界的方面，其事当不依主观而有所异。自然不依主观而其所异云者，其意即云自然者，横观之，于庶多的主观同样的表现出来；纵观之，亦不依时间而生变化。彼依时间而生的现实界的变化，不妨名之为历史。由是言之，为自然科学对象的自然无历史。反之，为文化科学对象的文化，为于各主观特殊的现实界的方面，故是依主观而异，以是之故，依对于自然的矛盾对当的关系，不能不说文化有历史。由此点观之，理氏以文化科学名为历史的科学，实为正当；然其以历史学与历史的科学、文化科学同视，似未尽妥。固然，文化依时代而变迁，为同一的东西只起一回者；过去的文化与现在的文化不能以学问的对象有同等的意义。第一，过去的文化，不过合全体而成为学问的对象；现在的文化，即此亦足为一学问的对象而有余。第二，过去的文化，以之取入于概念，使关于含于其文化中的价值以决定事实，虽为绰有余裕；而在现在的文化，以之取入于概念的时候，则不可不使关系于可存于吾人的普遍妥当的价值，以组织事实。

他于是主张分文化科学为二，而以研究过去的文化者为历史学，以研究现在的文化者为组织学。

此外还有一个应行讨论的问题，即是马克思派及一派历史家以社会的变迁为历史学所研究的对面问题是否适当。夫以社会的变迁为历史学的问题，是即以社会为有历史的。既以社会为有历史的，则社会之为学问的对象，不为自然而为文化。今世俗一般颇滥用"社会"一辞，其意义殊暧昧；即在以社会为对象的社会学，其概念亦因人而各异。大体说来，关于社会的概念的见解，可大别为二类：一以人间结合的形式为社会学对象的社会者，一以人间结合的内容为社会者。此项争论，在学问论上，兹无讨论的必要。今姑以为社会学的对象的社会为人间结合的形式。即在此种见解，由学问对象论言之，社会的概念亦有二种：一则以之为自然，一则以之为文化。以社会为自然者，即以社会学为研究法则的自然科学；反之以社会为文化者，即以社会学为组织的研究现在事实的文化科学。亦有人谓社会学概与心理学相类，同为研究心作用的学问。由结合方面观之，可为学问的对象，即于个人上把他切断来研究，亦可为学问的对象：前者是社会学，后者是心理学。心理学是研究心作用其物的一般的法则的。社会学是研究心作用的结合其物的一般的法则的。心理学为自然科学，社会学亦为自然科学。此派论者，虽以心理学为自然科学，却研究现于心理学对象的心作用上的价值内容的所谓心理科学，如伦理学、美学、宗教学等为文化科学；虽以社会学为自然科学，却以研究现于社会学对象的社会结合上的价值内容的所谓社会科学，如法律学、政治学、经济学等为文化科学。此派论者的理据，即认心作用有二：一为单独者，一为结合者；单独者即心理，结合者即社会。无论心理与社会，若以之为形式而考察的时候，不依时间而变化，为同一的东西可以屡次反复回演者，故由学问对象论上观之，此不得不谓为自然；然现于心理及社会上的价值内容在美术与宗教，在法律与政治，皆为一回起的（或云一趟过的）东西，而有历史，故此不得不谓为文化。等是社会，由内容上观察，称为政治社会的时候，虽为文化科学的对象的文化；而由形式上观察，单指社会结合的时候，是为自然科学的对象的自然。这是本于理氏的理论的推论。

论者依据以上的推论，谓为社会学的对象的社会，既属于自然，不依时间而生变化，故无历史；而以马克思及一派历史家认社会为有变迁的，以之为历史学的对面问题，为不当。然马克思及其他历史家并未把社会分为自然与文化二方面以为考察，自不能以是相绳，且即以此准绳批判其说，彼等既以有变迁的社会为历史学的对面问题，则其所考察的社会，亦非自然而为文化，亦非此所谓社会学的对象的社会而为历史学的对象。社会科学的对象的经济社会或政治社会，马克思屡以社会一语用为经济社会的意味，凡于其公式的发表他的历史观的《经济学批判的序文》稍有研究者皆能注意及此。今为避繁，无暇列举文证。即就一派历史家而论，其所考察的社会为政治社会，亦不待言。然则上述的评论，实不足以难马氏及持政治史观的历史家明甚。

论者又谓马克思的经济史观，是以经济史概历史学的全般。历史家的政治史观，是以政治史概历史学的全般，此亦不当。夫经济史与政治史固为历史学，然是二者不是历史学的全般，而皆为一种特殊的历史学。且个个的文化科学，皆含有其组织学与历史学。各种的文化内容，在逻辑上应是对立的而不是隶属的，应是平列的，而不是支配的；不得以一种组织学概组织学的全般，亦不得以一种历史学概历史学的全般。各文化的历史学，即是各特殊的历史学，离于各特殊的历史学，固无历史学的全般，而一种特殊的历史学，亦断不是历史学的全般。推马克思及历史家的见解，必是以经济或政治为文化的中心，然所取以为文化的中心者，亦因人而异。治法律者容以法律为文化的中心，治宗教者容以宗教为文化的中心，亦将以同一的理由不能加以否认，此以知以一种特殊的历史学蔽历史学的全般,皆为无应。世间往往有对于政治史而称别的特殊历史学为文化史者,凡历史学皆为文化史,以一种特殊的文化史而与其他各种特殊文化史的总合对立,是亦未为允当。

上述的评论,不得不认为有相当的理由。然以之批难马克思的历史哲学,则实有商榷的余地。马氏认社会的构造是个整个的东西,有其基础,亦有其上层;经济关系是其基础,观念的形态是其上层;上层与基础相合而成此构造。马氏虽认上层的变动随着基础的变动而变动,但绝不是把社会构造的整个全体,裂为零碎的东西,而以基础概全构造,以经济史概全文化史,概全历史学。我们承认历史学是各个特殊的历史学的总合,同时亦当承认经济关系在社会全构造中是其基础,承认经济在整个的文化生活中是比较重要的部分。

唯物史观在现代
史学上的价值①

　　"唯物史观"是社会学上的一种法则,是 Karl Marx 和 Friedrich Engels 一八四八年在他们合著的《共产党宣言》里所发见的。后来有四种名称,在学者间通用,都是指此法则的,即是:(1)"历史之唯物的概念"("The Materialistic Conception of History"),(2)"历史的唯物主义"("Historical Materialism"),(3)"历史之经济的解释"("The Economic Interpretation of History")及(4)"经济的决定论"("Economic Determinism")。在(1)、(2)两辞,泛称物质,殊与此说的真相不甚相符,因为此说只是历史之经济的解释,若以"物质"或"唯物"称之,则是凡基于物质的原因的变动,均应包括在内,例如历史上生物的考察,乃至因风土、气候、一时一地的动植物的影响所生的社会变动,均应论及了。第(4)一辞,在法兰西颇流行,以有倾于定命论宿命论之嫌,恐怕很有流弊。比较起来,还是"经济史观"一辞妥当些。Seligman 曾有此主张,我亦认为合理,只以"唯物史观"一语,年来在论坛上流用较熟,故且仍之不易。

　　科学界过重分类的结果,几乎忘却他们只是一个全体的部分而轻视他们相互间的关系,这种弊象,呈露已久了。近来思想界才发生一种

　　① 本文为《史学思想史讲义》之一部分,曾发表于 1920 年 12 月 1 日出版的《新青年》第八卷第四号。

新倾向：研究各种科学，与其重在区分，毋宁重在关系；说明形成各种科学基础的社会制度，与其为解析的观察，不如为综合的观察。这种方法，可以应用于现在的事实，亦可以同样应用于过去的纪录。唯物史观，就是应这种新倾向而发生的。从前把历史认作只是过去的政治，把政治的内容亦只解作宪法的和外交的关系。这种的历史观，只能看出一部分的真理而未能窥其全体。按着思想界的新倾向去观察，人类的历史，乃是人在社会上的历史，亦就是人类的社会生活史。人类的社会生活，是种种互有关联、互与影响的活动，故人类的历史，应该是包括一切社会生活现象广大的活动。政治的历史，不过是这个广大的活动的一方面，是社会生活的一部分，不是社会生活的全体。以政治概括社会生活，乃是以一部分概括全体，陷于很大的误谬了。于此所发生的问题，就是在这互有关联、互与影响的社会生活里，那社会进展的根本原因究竟何在？人类思想上和人类生活上大变动的理由究竟为何？唯物史观解答这个问题，则谓人的生存，全靠他维持自己的能力，所以经济的生活，是一切生活的根本条件。因为人类的生活，是人在社会的生活，故个人的生存总在社会的构造组织以内进动而受他的限制，维持生存的条件之于个人，与生产和消费之于社会是同类的关系。在社会构造内限制社会阶级和社会生活各种表现的变化，最后的原因，实是经济的。此种学说，发源于德，次及于意、俄、英、法等国。

　　唯物史观的名称意义，已如上述，现在要论他在史学上的价值了。研究历史的重要用处，就在训练学者的判断力，并令他得着凭以为判断的事实。成绩的良否，全靠所据的事实确实与否和那所用的解释法适当与否。十八世纪和十九世纪前半期的历史学者，研究历史原因的问题的人很少。他们多以为历史家的职分，不外叙述些政治上、外交上的史实，那以伟人说或时代天才说解释这些史实的，还算是深一层的研究。Lessing 在他的《人类教育论》与 Herder 在他的《历史哲学概论》

里所论述的，都过受神学观念的支配，很与思想界的新运动以阻力。像 Herder 这样的人，他在德国与 Ferguson 在苏格兰一样，可以说是近代人类学研究的先驱，他的思想，犹且如此，其他更可知了。康德在他的《通史概论》里，早已窥见关于社会进化的近代学说，是 Huxley 与许多德国学者所公认的，然亦不能由当时的神学思想完全解放出来，而直为严正的科学的批评。到了 Hegel 的《历史哲学》，达于历史的唯心的解释的极点，但是 Hegel 限于"历史精神"观，于一般领会上究嫌过于暧昧，过于空虚。

有些主张宗教是进化的关键的人，用思想感情等名词解释历史的发长，这可以说是历史的宗教的解释。固然犹太教、儒教、回教、佛教、耶教等五大宗教的教义，曾与于人类进步以很深的影响，亦是不可争的事实，但是这种解释，未曾注意到与其把宗教看作原因，不如把他看作结果的道理，并且未曾研究同一宗教的保存何以常与他的信徒的环境上、性质上急遽的变动相适合的道理。这历史的宗教的解释，就是 Benjamin Kidd 的修正学说，亦只有很少的信徒。

此外还有历史的政治的解释。其说可以溯源于 Aristotle，有些公法学者右之。此派主张通全历史可以看出由君主制到贵族制、由贵族制到民主制的一定的运动，在理想上，在制度上，都有个由专制到自由之不断的进步。但是有许多哲学家，并 Aristotle 亦包在内，指出民主制有时亦弄到专制的地步，而且政治的变动，不是初级的现象，乃是次级的现象，拿那个本身是一结果的东西当作普遍的原因，仿佛是把车放在马前一样的倒置。

这些唯心的解释的企图，都一一的失败了，于是不得不另辟一条新路。这就是历史的唯物的解释。这种历史的解释方法不求其原因于心的势力，而求之于物的势力，因为心的变动常是为物的环境所支配。

综观以上所举历史的解释方法，新旧之间截然不同。因历史事实的解释方法不同,从而历史的实质亦不同,从而及于读者的影响亦大不同。从前的历史,专记述王公世爵纪功耀武的事。史家的职分,就在买此辈权势阶级的欢心,好一点的,亦只在夸耀自国的尊荣。凡他所纪的事实,都是适合此等目的的,否则屏而不载,而解释此类事实,则全用神学的方法。此辈史家把所有表现于历史中特权阶级的全名表,都置于超自然的权力保护之下。所记载于历史的事变,无论是焚杀,是淫掠,是奸谋,是篡窃,都要归之于天命,夸之以神武,使读者认定无论他所遭逢的境遇如何艰难,都是命运的关系。只有祈祷天帝,希望将来,是慰借目前痛苦的唯一方法。

这种历史及于人类精神的影响,就是把个人的道德的势力,全弄到麻木不仁的状态。既已认定自己境遇的苦难,都是天命所确定的,都是超越自己所能辖治的范围以外的势力所左右的,那么以自己的努力企图自救,便是至极愚妄的事,只有出于忍受的一途,对于现存的秩序,不发生疑问,设若发生疑问,不但丧失了他现在的平安,并且丧失了他将来的快乐。他不但要服从,还要祈祷,还要在杀他的人的手上接吻。这个样子,那些永据高位握有权势的人,才能平平安安的常享特殊的权利,并且有增加这些权利的机会,而一般人民,将永沉在物质道德的卑屈地位。这种史书,简直是权势阶级愚民的器具,用此可使一般人民老老实实的听他们掠夺。

唯物史观所取的方法,则全不同。他的目的,是为得到全部的真实,其及于人类精神的影响,亦全与用神学的方法所得的结果相反。这不是一种供权势阶级愚民的器具,乃是一种社会进化的研究。而社会一语,包含着全体人民,并他们获得生活的利便,与他们的制度和理想。这与特别事变、特别人物没有什么关系。一个个人,除去他与全体人民的关系以外,全不重要,就是此时,亦是全体人民是要紧的,他不过是附随的。生长与活动,只能在人民本身的性质中去寻,决不在他们以外的什么势力。最要紧的，是要寻出那个民族的人依以为生的方法，因为所有别的进步，都靠着那个民族生产衣食方法的进步与变动。

斯时人才看出他所生存的境遇，是基于能时时变动而且时时变动的原因；斯时人才看出那些变动，都是新知识施于实用的结果，就是由像他自己一样的普遍人所创造的新发明新发见的结果，这种观念给了很多的希望与勇气在他的身上；斯时人才看出一切进步只能由联合以图进步的人民造成，他于是才自觉他自己的权威，他自己在社会上的位置，而取一种新态度。从前他不过是一个被动的、否定的生物，他的生活只是一个忍耐的试验品，于什么人亦没有用处。现在他变成一个活泼而积极的分子了，他愿意知道关于生活的事实，什么是生活事实的意义，这些生活事实给进步以什么机会，他愿意把他的肩头放在生活轮前，推之挽之使之直前进动。这个观念，可以把他造成一个属于他自己的人，他才起首在生活中得了满足而能于社会有用。但是一个人生在思想感情都锢桎于古代神学的习惯的时代，要想思得个生活的新了解，那是万万不可能；青年男女，在这种教训之下，全麻痹了他们的意志，万不能发育实成。

这样看来，旧历史的方法与新历史的方法绝对相反：一则寻社会情状的原因于社会本身以外，把人当作一只无帆、无楫、无罗盘针的弃舟，漂流于茫茫无涯的荒海中，一则于人类本身的性质内求达到较善的社会情状的推进力与指导力；一则给人以怯懦无能的人生观，一则给人以奋发有为的人生观。这全因为一则看社会上的一切活动与变迁全为天意所存，一则看社会上的一切活动和变迁全为人力所造，这种人类本身具有的动力可以在人类的需要中和那赖以满足需要的方法中认识出来。

有人说社会的进步，是基于人类的感情。此说乍看似与社会的进步是基于生产程序的变动的说相冲突，其实不然。因为除了需要的意识和满足需要的愉快,再没有感情,而生产程序之所以立,那是为满足构成人类感情的需要。感情的意识与满足感情需要的方法施用,只是在同联环中的不同步数罢了。

有些人误解了唯物史观,以为社会的进步只靠物质上自然的变动,勿须人类的活动,而坐待新境遇的到来。因而一般批评唯物史观的人,亦有以此为口实,便说这种定命(听命由天)的人生观,是唯物史观给下的恶影响。这都是大错特错,唯物史观及于人生的影响乃适居其反。

旧历史的纂著和他的教训的虚伪既是那样荒陋,并且那样明显,而于文化上又那样无力,除了少数在神学校的,几乎没有几多教授再作这种陈腐而且陋劣的事业了。晚近以来,高等教育机关里的史学教授,几无人不被唯物史观的影响,而热心创造一种社会的新生。只有公立学校的初级史学教员,尚未觉察到这样程度的变动,因为在那里的教训,全为成见与习惯所拘束,那些教员又没有那样卓越的天才,足以激励他们文化进步上的自高心,而现今的公立学校又过受政治和教科书事务局的限制。

唯物史观在史学上的价值,既这样的重大,而于人生上所被的影响,又这样的紧要,我们不可不明白他的真意义,用以得一种新人生的了解。我们要晓得一切过去的历史,都是靠我们本身具有的人力创造出来的,不是那个伟人圣人给我们造的,亦不是上帝赐予我们,将来的历史亦还是如此,现在已是我们世界的平民的时代了,我们应该自觉我们的势力,赶快联合起来,应我们生活上的需要创造一种世界的平民的新历史。

我的马克思主义观①

一

一个德国人说过，五十岁以下的人说他能了解马克思的学说，定是欺人之谈。因为马克思的书卷帙浩繁，学理深晦。他那名著《资本论》三卷，合计二千一百三十五页，其中第一卷是马氏生存时刊行的，第二、第三两卷是马氏死后他的朋友昂格思替他刊行的。这第一卷和二、三两卷中间，难免有些冲突矛盾的地方，马氏的书本来难解，添上这一层越发难解了。加以他的遗著未曾刊行的还有很多，拼上半生的工夫来研究马克思，也不过仅能就他已刊的著书中，把他反复陈述的主张得个要领，究不能算是完全了解"马克思主义"的。我平素对于马氏的学说没有什么研究，今天硬想谈"马克思主义"已经是僭越的狠。但自俄国革命以来，"马克思主义"几有风靡世界的势子，德奥匈诸国的社会革命相继而起，也都是奉"马克思主义"为正宗。"马克思主义"既然随着这世界的大变动，惹动了世人的注意，自然也招了很多的误解。我们对于"马克思主义"的研究，虽然极其贫弱，而自一九一八年马克思诞生百年

① 原文分上下两篇，分别发表于《新青年》第六卷第五号和第六号，1919 年 5 月、11 月先后出版，署名李大钊。

纪念以来,各国学者研究他的兴味复活,批评介绍他的很多。我们把这些零碎的资料,稍加整理,乘本志出"马克思研究号"的机会,把他转介绍于读者,使这为世界改造原动的学说,在我们的思辨中,有点正确的解释,吾信这也不是绝无裨益的事。万一因为作者的知能谫陋,有误解马氏学说的地方,亲爱的读者肯赐以指正,那是作者所最希望的。

二

我于评述"马克思主义"以前,先把"马克思主义"在经济思想史上占若何的地位,略说一说。

由经济思想史上观察经济学的派别,可分为三大系,就是个人主义经济学、社会主义经济学与人道主义经济学。

个人主义经济学,也可以叫作资本主义经济学。三系中以此为最古。著《原富》的亚丹·斯密(Adam Smith)是这一系的鼻祖。亚丹·斯密以下,若马查士(Malthus)、李嘉图(Ricardo)、杰慕士·穆勒(James Mill)等,都属于这一系。把这一系的经济学发挥光大,就成了正系的经济学,普通称为正统学派。因为这个学派是在模范的资本家国的英国成立的,所以英国以外的学者也称他为英国学派。这个学派的根本思想是承认现在的经济组织为是,并且承认在此经济组织内,各个人利己的活动为是。他们以为现在的经济组织,就是个人营利主义的组织,是最巧最妙、最经济不过的组织。从生产一面讲,各人为自己的利益,自由以营经济的活动,自然努力以致自己的利益于最大的程度。其结果:社会全体的利益不期增而自增。譬如各人所有的资本,自然都知道把他由利益较少的事业,移到利益较多的事业上去。社会全体的资本,自然也都舍了那利益较少的事业,投到利益较多的事业上去。所以用不着什么政治家的干涉，自由竞争的结果，社会上资本的全量自然都利用到社会全体最有利的方面去。而事业家为使他自己的利益达于最大的程度，自然努力以使他自己制品全体的价增大，努力以求其商品全体的卖出额换回很多的价来。社会全体的富是积个人的富而成的。个人不断的为增加自己的富去努力，你这样作，他也这样作，那社会全体的富也不期增而日增了。再从消费一面讲，我们日用的一切物品，都不是在自己家内生产的，都是人家各自为营利、为商卖而生产的。自己要得一种物品：米、盐、酱、醋，乃至布匹、伞、屐、新闻、杂志之属，都不是空手向人家讨得来的。依今日的经济组织，都是各人把物卖钱，各人拿钱买货。各人按着自己最方便的法子去活动，比较着旁人为自己代谋代办，亲切的多，方便的多，经济的多。总而言之，他们对于今日以各人自由求各自利益为原则的经济组织，很满足，很以为妥当。他们主张维持他，不主张改造他。这是个人主义经济学。也就是以资本为本位，以资本家为本位的经济学。

以上所述个人主义经济学，有二个要点。其一是承认现在的经济组织为是；其二是承认在这经济组织内，各个人利己的活动为是。社会主义经济学正反对他那第一点。人道主义经济学正反对他那第二点。人道主义经济学者以为无论经济组织改造到怎么好的地步，人心不改造仍是现在这样的贪私无厌，社会仍是没有改善的希望，于是否认经济上个人利己的活动，欲以爱他的动机代那利己的动机；不置重于经济组织改造的一方面，而置重于改造在那组织下活动的各个人的动机。社会主义经济学者以为现代经济上、社会上发生了种种弊害，都是现在经济组织不良的缘故，经济组织一经改造，一切精神上的现象都跟着改造；于是否认现在的经济组织，而主张根本改造。人道主义经济学者持人心改造论，故其目的在道德的革命。社会主义经济学者持组织改造论，故其目的在社会的革命。这两系都是反对个人主义经济学的，但人道主义者同时为社会主义者的也有。

现在世界改造的机运，已经从俄、德诸国闪出了一道曙光。从前经济学的正统，是在个人主义。现在社会主义、人道主义的经济学，将要取此正统的位系，而代个人主义以起了。从前的经济学，是以资本为本位，以资本家为本位。以后的经济学，要以劳动为本位，以劳动者为本位了。这正是个人主义向社会主义、人道主义过渡的时代。

马克思是社会主义经济学的鼻祖，现在正是社会主义经济学改造世界的新纪元，"马克思主义"在经济思想史上的地位如何重要，也就可以知道了。

本来社会主义的历史并非自马氏始的，马氏以前也狠有些有名的社会主义者，不过他们的主张，不是偏于感情，就是涉于空想，未能造成一个科学的理论与统系。至于马氏才用科学的论式，把社会主义的经济组织的可能性与必然性，证明与从来的个人主义经济学截然分立，而别树一帜，社会主义经济学才成一个独立的系统，故社会主义经济学的鼻祖不能不推马克思。

三

"马克思主义"在经济思想史上的价值，既如上述，我当更进而就他的学说的体系略为大体的分析，以便研究。

马氏社会主义的理论，可大别为三部：一为关于过去的理论，就是他的历史论，也称社会组织进化论；二为关于现在的理论，就是他的经济论，也称资本主义的经济论；三为关于将来的理论，就是他的政策论，也称社会主义运动论，就是社会民主主义。离了他的特有的史观，去考他的社会主义，简直是不可能。因为他根据他的史观，确定社会组织是由如何的根本原因变化而来的；然后根据这个确定的原理，以观察现在的经济状态，就把资本主义的经济组织，为分析的、解剖的研究，豫言现在资本主义的组织不久必移入社会主义的组织，是必然的运命；然后更根据这个豫见，断定实现社会主义的手段、方法仍在最后的阶级竞争。他这三部理论，都有不可分的关系，而阶级竞争说恰如一条金线，把这三大原理从根本上联络起来。所以他的唯物史观说："既往的历史都是阶级竞争的历史。"他的《资本论》也是首尾一贯的根据那"在今日社会组织下的资本阶级与工人阶级，被放在不得不仇视、不得不冲突的关系上"的思想立论。关于实际运动的手段，他也是主张除了诉于最后的阶级竞争，没有第二个再好的方法。为研究上便利起见，就他的学说各方面分别观察，大概如此。其实他的学说是完全自成一个有机的有系统的组织，都有不能分离不容割裂的关系。

四

请先论唯物史观。

唯物史观也称历史的唯物主义。他在社会学上曾经，并且正在表现一种理想的运动，与前世纪初，在生物学上发现过的运动，有些相类。在那个时候是用以说明各种形态学上的特征、关系的重要，志在得一个种的自然分类，与关于生物学上有机体生活现象更广的知识。这种运动既经指出那内部最深的构造，比外部明显的建造，若何重要，唯物史观就站起来反抗那些历史家与历史哲学家，把他们多年所推崇为非常重要的外部的社会构造，都列于第二的次序；而那久经历史家辈蔑视，认为卑微暧昧的现象的，历史的唯物论者却认为于研究这狠复杂的社会生活全部的构造与进化，有莫大的价值。

历史的唯物论者观察社会现象,以经济现象为最重要,因为历史上物质的要件中,变化发达最甚的,算是经济现象。故经济的要件是历史上唯一的物质的要件。自己不能变化的,也不能使别的现象变化。其他一切非经济的物质的要件,如人种的要件、地理的要件等等,本来变化很少,因之及于社会现象的影响也很小,但于他那最少的变化范围内,多少也能与人类社会的行程以影响。在原始未开时代的社会,人类所用的劳作工具,极其粗笨,几乎完全受制于自然。而在新发见的地方,向来没有什么意味的地理特征,也成了非常重大的条件。所以历史的唯物论者,于那些经济以外的一切物质的条件,也认他于人类社会有意义,有影响。不过因为他的影响甚微,而且随着人类的进化日益减退,结局只把他们看作经济的要件的支流罢了。因为这个缘故,有许多人主张改称唯物史观为经济史观。

唯物史观,也不是由马氏创的。自孔道西(Condorcet)依着器械论的典型,想把历史作成一科学,而期发见出一普遍的力,把那变幻无极的历史现象,一以贯之,已竟开了唯物史观的端绪。故孔道西算是唯物史观的开创者。至桑西门(Saint-Simon)把经济的要素,比精神的要素看得更重。十八世纪时有一种想象说,说法兰西历史的内容不过是佛兰坎人与加利亚人间的人种竞争。他受了此说的影响,谓最近数世纪间的法国历史不外封建制度与产业的竞争,其争以大革命期达于绝顶。而产业初与君国制联合,以固专制的基础,基础既成又扑灭王国制。产业的进步是历史的决定条件,科学的进步又为补助他的条件。Thierry、Mignet 及 Guizot 辈继起,袭桑西门氏的见解,谓一时代的理想、教义、宪法等,毕竟不外当时经济情形的反映。关于所有权的法制,是尤其重要的。蒲鲁东亦以国民经济为解释历史的钥匙,信前者为因,后者为果。至于马氏用他特有的理论,把从前历史的唯物论者不能解释的地方,与以创见的说明,遂以造成马氏特有的唯物史观,而于从前的唯物史观有伟大的功绩。

唯物史观的要领,在认经济的构造对于其他社会学上的现象,是最重要的;更认经济现象的进路,是有不可抗性的。经济现象虽用他自己的模型,制定形成全社会的表面构造(如法律、政治、伦理,及种种理想上、精神上的现象都是),但这些构造中的那一个也不能影响他一点。受人类意思的影响,在他是永远不能的。就是人类的综合意思,也没有这么大的力量。就是法律他是人类的综合意思中最直接的表示,也只能受经济现象的影响,不能与丝毫的影响于经济现象。换言之,就是经济现象只能由他一面与其他社会现象以影响,而不能与其他社会现象发生相互的影响,或单受别的社会现象的影响。

经济构造是社会的基础构造,全社会的表面构造,都依着他迁移变化。但这经济构造的本身,又按他每个进化的程级,为他那最高动因的连续体式所决定。这最高动因,依其性质,必须不断的变迁,必然的与社会的经济的进化以诱导。

这最高动因究为何物,却又因人而异。Loria 所认为最高动因的,是人口的稠庶。人口不断的增加,曾经决定过去四个联续的根本状态,就是集合、奴隶所有、奴仆(Servile)、佣工。以后将次发生的现象,也该由此决定。马克思则以“物质的生产力”为最高动因:由家庭经济变为资本家的经济,由小产业制变为工场组织制,就是由生产力的变动而决定的。其他学者所认为最高动因的,又为他物。但他们有一个根本相同的论点,就是:经济的构造,依他内部的势力自己进化,渐于适应的状态中,变更全社会的表面构造,此等表面构造,无论用何方法,不能影响到他这一方面,就是这表面构造中最重要的法律,也不能与他以丝毫的影响。

有许多事实,可以证明这种观察事物的方法是合理的。我们晓得有许多法律,在经济现象的面前,暴露出来他的无能。十七、八世纪间那些维持商业平准,奖励金块输入的商法,与那最近英国禁遏脱拉斯

(Trust)的法律都归无效，就是法律的力量不能加影响于经济趋势的明证。也有些法律，当初即没有力量与经济现象竞争，而后来他所适用的范围，却自一点一点的减缩，至于乌有。这全是经济现象所自致的迁移，无与于法律的影响。例如欧洲中世纪时禁抑暴利的法律，最初就无力与那高利率的经济现象竞争，后来到了利润自然低落，钱利也跟着自然低落的时候，他还继续存在，但他始终没有一点效果。他虽然形式上在些时候维持他的存在，实际上久已无用，久已成为废物。他的存在全是法律上的惰性，只足以证明法律现象远追不上他所欲限制的经济现象，却只在他的脚后一步一步的走，结局惟有服从而已。潜深的社会变动，惟依他自身可以产生，法律是无从与知的。当罗马帝国衰颓时代，一方面呈出奴隶缺乏，奴价腾贵的现象；一方面那一大部分很多而且必要的寄生阶级造成一个自由民，与新自由民的无产阶级。他们的贫困日益加甚，自然渐由农业上的奴仆劳动、工业上的佣工劳动，生出来奴隶制度的代替，因为这两种劳动全于经济上有很多的便利。若是把废奴的事业全委之于当时的基督教、人类同胞主义的理想，那是绝无效果的。十八世纪间英人曾标榜过一种高尚的人道主义的宗教。到了资本家经济上需要奴隶的时候，他们却把奴制输入到美洲殖民地，并且设法维持他。这类的事例不胜枚举，要皆足以证明法律现象只能随着经济现象走，不能越过他，不能加他以限制，不能与他以影响。而欲以法律现象奖励或禁遏一种经济现象的，都没有一点效果。那社会的表面构造中最重要的法律，尚且如此，其他如综合的理想等等，更不能与经济现象抗衡。

五

迄兹所陈是历史的唯物论者共同一致的论旨。今当更进而述马氏独特的唯物史观。

马氏的经济论，因有他的名著《资本论》详为阐发，所以人都知道他的社会主义系根据于一定的经济论的。至于他的唯物史观，因为没有专书论这个问题，所以人都不甚注意。他的《资本论》，虽然彻头彻尾以他那特有的历史观作基础，而却不见有理论的揭出他的历史观的地方。他那历史观的纲要，稍见于一八四七年公刊的《哲学的贫困》，及一八四八年公布的《共产者宣言》。而以一定的公式表出他的历史观，还在那一八五九年他作的那《经济学批评》的序文中。现在把这几样著作里包含他那历史观的主要部分，节译于下，以供研究的资料。

（一）见于《哲学的贫困》中的：

经济学者蒲鲁东氏，把人类在一定的生产关系之下制造罗纱、麻布、绢布的事情，理解的极其明了。可是这一定的社会关系，也和罗纱、麻布等一样，是人类的生产物，他还没有理解。社会关系与生产力有密切的连络。人类随着获得新生产力，变化其生产方法；又随着变化生产方法，——随着变化他们得生活资料的方法——他们全变化他们的社会关系。手臼造出有封建诸侯的社会。蒸汽制粉机造出有产业的资本家的社会。而这样顺应他们的物质的生产方法，以建设其社会关系的人类，同时又顺应他们的社会关系，以作出其主义、思想、范畴。

（二）见于《共产者宣言》中的：

凡以前存在的社会的历史都是阶级竞争的历史。希腊的自由民与奴隶，罗马的贵族与平民，中世的领主与农奴，同业组合的主人与职工，简单的说，就是压制者与被压制者，自古以来，常相反目，而续行或隐然，或公然，不断的争斗总是以全社会革命的变革，或以相争两阶级的共倒结局的一切争斗。试番昔时的历史，社会全被区别为种种身分者,社会的地位有多样的等差,这类现象我们殆到处可以发见。在古代罗马则有贵族、骑士、平民、奴隶;在中世则有封建诸侯、家臣、同业组合的主人、职工、农奴;且于此等阶级内更各分很多的等级。由封建的社会的崩坏,产出来的近世的社会,仍没把阶级的对立废止。他不过带来了新阶级、新压制手段、新争斗的形式,以代旧的罢了。

可是到了我们的时代,就是有产者本位的时代,却把阶级的对立简单了。全社会越来越分裂为互相敌视的二大阵营,为相逼对峙的二大阶级:就是有产者与无产者。

……依以上所述考之,资本家阶级所拿他作基础以至勃兴的生产手段及交通手段,是已经在封建社会作出来的。此等生产手段及交通手段的发展达于一定阶段的时候,封建的社会所依以营生产及交换的关系,就是关于农业及工业封建的组织,简单一句话就是封建的所有关系,对于已经发展的生产力,久已不能适应了。此等关系,现在不但不能奖励生产,却妨阻生产,变成了许多的障碍物。所以此等关系不能不被破坏,果然又被破坏了。

那自由竞争就随着于他适合的社会的及政治的制度,随着有产者阶级的经济的及政治的支配,代之而起了。

有产者阶级,于其不满百年的阶级支配之下,就造出比合起所有过去时代曾造的还厚且巨的生产力。自然力的征服,机械、工业及农业上的化学应用,轮船、火车、电报,全大陆的开垦,河川的开通,如同用魔法唤起的这些人类——在前世纪谁能想到有这样的生产力能包容在社会的劳动里呢?

把这样伟大的生产手段及交通手段,像用魔法一般唤起来的资本家的生产关系及交通关系,——资本家的所有关系——现代的资本家的社会,如今恰与那魔术师自念咒语唤起诸下界的力量,而自己却无制御他们的力量了的情事相等。数十年的工商史,只是现代的生产力,对于现代的生产关系,对于那不外有产者的生活条件及其支配力的所有关系,试行谋叛的历史。我们但举那商业上的恐慌——因隔一定期间便反复来袭,常常胁迫有产社会的全存在的商业恐慌——即足以作个证明。……有产者阶级颠覆封建制度的武器,今乃转而向有产者阶级自身。

有产者阶级不但锻炼致自己于死的武器,并且产出去挥使那些武器的人——现代的劳动阶级、无产者就是。

人人的观念、意见及概念,简单一句话,就是凡是属于人间意识的东西,都随着人人的生活关系,随着其社会的关系,随着其社会的存在,一齐变化。这是不用深究就可以知道的。那思想的历史所证明的,非精神上的生产随着物质上的生产一齐变化而何?

(三)见于《经济学批评》序文中的:

人类必须加入那于他们生活上必要的社会的生产,一定的、必然的、离于他们的意志而独立的关系,就是那适应他们物质的生产力一定的发展阶段的生产关系。此等生产关系的总和,构成社会的经济的构造——法制上及政治上所依以成立的、一定的社会的意识形态所适应的真实基础——物质的生活的生产方法,一般给社会的、政治的及精神的生活过程,加上条件。不是人类的意识决定其存在,他们的社会的存在反是决定其意识的东西。

社会的物质的生产力,于其发展的一定阶段,与他从来所在那里面活动当时的生产关系,与那不过是法制上的表现的所有关系冲突。这个关系,这样由生产力的发展形式变而为束缚。于是乎社会革命的时代来。巨大的表面构造的全部,随着经济基础的变动,或徐,或激,都变革了。

当那样变革的观察,吾人非常把那在得以自然科学的论证的经济的生产条件之上所起的物质的变革，与那人类意识此冲突且至决战的，法制上、政治上、宗教上、艺术上、哲学上的形态，简单说就是观念上的形态，区别不可。想把那样变革时代，由其时代的意识判断，恰如照着一个人怎样想他自己的事，以判断其人一样，不但没有所得，意识这个东西宁是由物质生活的矛盾，就是存在于社会生产力与生产关系间的冲突，才能说明的。

一社会组织，非到他的全生产力，在其组织内发展的一点余地也没有了以后，决不能颠覆去了。这新的，比从前还高的生产关系，在这个东西的物质的生存条件于旧社会的母胎内孵化完了以前，决不能产生出来。人类是常只以自能解决的问题为问题的。因为拿极正确的眼光去看，凡于问题的，惟于其解决所必要的物质条件已经存在，或至少也在成立过程中的时会，才能发生。

综其大体而论，吾人得以亚细亚的、古代的、封建的及现代资本家的生产方法，为社会经济的组织进步的阶段。而在此中，资本家的生产关系，是社会的生产方法之采敌对形态的最后。——此处所谓敌对，非个人的敌对之意，是由各个人生活的社会的条件而生的敌对之意，——可是在资本家社会的母胎内发展的生产力，同时作成于此敌对的解决必要的物质条件。人类历史的前史，就以此社会组织终。

（以上的译语，从河上肇博士。）

据以上所引，我们可以略窥马克思唯物史观的要领了。现在更把这个要领简单写出，以期易于了解。

马克思的唯物史观有二要点：其一是关于人类文化的经验的说明；其二即社会组织进化论。其一是说人类社会生产关系的总和，构成社会经济的构造。这是社会的基础构造。一切社会上政治的、法制的、伦理的、哲学的，简单说，凡是精神上的构造，都是随着经济的构造变化而变化。我们可以称这些精神的构造为表面构造。表面构造常视基础构造为转移，而基础构造的变动，乃以其内部促他自己进化的最高动因，就是生产力，为主动；属于人类意识的东西，丝毫不能加他以影响；他却可以决定人类的精神、意识、主义、思想，使他们必须适应他的行程。其二是说生产力与社会组织有密切的关系。生产力一有变动，社会组织必须随着他变动。社会组织即社会关系，也是与布帛菽粟一样，是人类依生产力产出的产物。手臼产出封建诸侯的社会，蒸汽制粉机产出产业的资本家的社会。生产力在那里发展的社会组织，当初虽然助长生产力的发展，后来发展的力是到那社会组织不能适应的程度，那社会组织不但不能助他，反倒束缚他、妨碍他了。而这生产力虽在那束缚他、妨碍他的社会组织中，仍是向前发展不已。发展的力量愈大，与那不能适应他的社会组织间的冲突愈迫，结局这旧社会组织非至崩坏不可。这就是社会革命。新的继起，将来到了不能与生产力相应的时候，他的崩坏亦复如是。可是这个生产力，非到在他所活动的社会组织里，发展到无可再容的程度，那社会组织是万万不能打破。而这在旧社会组织内，长成他那生存条件的新社会组织，非到自然脱离母胎，有了独立生存的运命，也是万万不能发生。恰如孵卵的情形一样，人为的助长，打破卵壳的行动，是万万无效的，是万万不可能的。

以上是马克思独特的唯物史观。

六

与他的唯物史观狠有密切关系的，还有那阶级竞争说。

历史的唯物论者，既把种种社会现象不同的原因，总约为经济的原因，更依社会学上竞争的法则，认许多组成历史明显的社会事实，只是那直接，间接，或多，或少，各殊异阶级间团体竞争所表现的结果。他们所以牵入这竞争中的缘故，全由于他们自己特殊经济上的动机。由历史的唯物论者的眼光去看，十字军之役也含着经济的意味。当时繁盛的义大利共和国中，特如 Venice 的统治阶级，实欲自保其东方的繁富市场。宗教革新的运动，虽然戴着路德的名义，其时的民众中，也似乎有一大部分是意在免去罗马用种种方法征课的重税（那最后有道理的赎罪符也包在内）。基督教的传布，也是应无产阶级的要求作一种实际的运动。把首都由罗马迁至 Byzantium（就是现在的康士坦丁堡），与那定基督教为官教，也是经济的关系。这两件事都是为取罗马帝国从来的重心而代之。因为当时的中产阶级，实为东方富有财势的商贾阶级，势力很厚。他们和那基督教的无产阶级相合，以与罗马寄生的贵族政治分持平衡的势力，而破坏之。法国大革命也全是因为资本家的中级势力，渐渐可以压迫拥有土地的贵族，其间的平衡久已不固，偶然破裂，遂有这个结果。就是法国历史上迭起层兴的政治危机，单由观念学去研究终于神秘难解。像那拿破仑派咧，布尔康家正统派咧，欧尔林家派咧，共和党咧，平民直接执政党咧，他们背后都藏着很复杂的经济意味。不过打着这些旗帜互相争战，以图压服他的反对阶级，而保自己阶级经济上的利益就是了。这类的政治变动，由马克思解释，其根本原因都在殊异经济阶级间的竞争。我们看那马克思与昂格思的《共产者宣言》中"从来的历史都是阶级竞争的历史"的话，马克思在他的《经济学批评》序文中，也说"从来的历史尽是在阶级对立——固然在种种时代呈种种形式——中进行的"，就可以证明他的阶级竞争说，与他的唯物史观有密切关系了。

就这阶级竞争的现象，我们可以晓得，这经济上有共同利害自觉的社会团体，都有毁损别的社会团体以增加自己团体利益的倾向。这个倾向,斯宾塞谓是本于个人的利己心。他在《社会学研究》中说:"个人的利己心引出由他们作成的阶级的利己心,于分别的努力以外,还要发生一种协同的努力,去从那社会活动的总收入中,取些过度的领分。这种综合的倾向,在每阶级中这样发展,必须由其他诸阶级类似的综合的倾向来维持其平衡。"由此以观,这阶级竞争在社会的有机体中,恰与Wilhelm Roux 所发见的"各不同的部分官能组织细胞间的竞争,在各有机体中进行不已"的原则相当。宇宙间一切生命都向"自己发展"(Self-expansion)活动不已。"自己发展"是生物学上、社会学上一切有机的进化全体根本的动机,是生物界普遍无敌的倾向。阶级竞争是这种倾向的无量表现与结果中的一个。而在马克思则谓阶级竞争之所由起,全因为土地共有制崩坏以后,经济的构造都建在阶级对立之上。马氏所说的阶级,就是经济上利害相反的阶级,就是有土地或资本等生产手段的有产阶级,与没有土地或资本等生产手段的无产阶级的区别:一方是压服他人,掠夺他人的,一方是受人压服,被人掠夺的。这两种阶级,在种种时代,以种种形式表现出来。亚细亚的、古代的、封建的、现代资本家的,这些生产方法出现的次第,可作经济组织进化的阶段,而这资本家的生产方法,是社会的生产方法中采敌对形式的最后。阶级竞争也将与这资本家的生产方法同时告终。至于社会为什么呈出阶级对立的现象呢? 马氏的意见以为全是因为一个社会团体,依生产手段的独占,掠夺他人的余工余值(余工余值说详后)的原故。但这两种阶级,最初不过对于他一阶级,可称一个阶级,实则阶级的本身还没有成个阶级,还没有阶级的自觉。后来属于一阶级的,知道他们对于别的阶级,到底是立于不相容的地位,阶级竞争是他们不能避的运命,就是有了阶级的自觉,阶级间就起了竞争。当初只是经济的竞争,争经济上的利益,后来更进而为政治的竞争,争政治上的权力,直至那建在阶级对立上的经济的构造自己进化,发生了一种新变化为止。这样看来,马氏并非承认这阶级竞争是与人类历史相终始的,他只把他的阶级竞争说应用于人类历史的前史,不是通用于过去、现在、未来的全部。与其说他的阶级竞争说是他的唯物史观的要素,不如说是对于过去历史的一个应用。

七

马氏的唯物史观及其阶级竞争说,既已略具梗概,现在更把对于其说的评论,举出几点,并述我的意见。

马氏学说受人非难的地方很多,这唯物史观与阶级竞争说的矛盾冲突,算是一个最重要的点。盖马氏一方既确认历史——马氏主张无变化即无历史——的原动为生产力;一方又说从来的历史都是阶级竞争的历史,就是说阶级竞争是历史的终极法则,造成历史的就是阶级竞争。一方否认阶级的活动,无论是直接在经济现象本身上的活动,是间接由财产法或一般法制上的限制,常可以有些决定经济行程的效力;一方又说阶级竞争的活动,可以产出历史上根本的事实,决定社会进化全体的方向。Eugenio Rignano 驳他道:"既认各阶级间有为保其最大经济利益的竞争存在,因之经济现象亦自可以随这个或那个阶级的优越,在一方面或他一方面受些限制,又说经济的行程像那天体中行星的轨道一样的不变,从着他那不能免的进路前进,人类的什么影响都不能相加。那么那主要目的在变更经济行程的阶级竞争,因为没有什么可争,好久就不能存在了。在太阳常行的轨道上,有了一定的变更,一定可以贡献很大的经济利益于北方民族,而大不利于南方民族。但我想在历史纪录中,寻找一种族或一阶级的竞争,把改变太阳使他离了常轨作目的的,是一件无益的事。"这一段话可谓中了要扼。不过这个明显的矛盾,在马氏学说中,也有自圆的说法。他说自从土地共有制崩坏以来,经济的构造都建立在阶级对立之上。生产力一有变动,这社会关系也跟着变动。可是社会关系的变动,就有赖于当时在经济上占不利地位的阶级的活动。这样看来,马氏实把阶级的活动归在经济行程自然的变化以内。但虽是如此说法,终觉有些牵强矛盾的地方。

这全因为一个学说最初成立的时候,每每陷于夸张过大的原故。但是他那唯物史观,纵有这个夸张过大的地方,于社会学上的进步,究有狠大狠重要的贡献。他能造出一种有一定排列的组织,能把那从前各自发展不相为谋的三个学科,就是经济、法律、历史,联为一体,使他现在真值得起那社会学的名称。因为他发见那阶级竞争的根本法则;因为他指出那从前全被误解或蔑视的经济现象,在社会学的现象中是顶重要的;因为他把于决定法律现象有力的部分归于经济现象,因而知道用法律现象去决定经济现象是逆势的行为;因为他借助于这些根本的原则,努力以图说明过去现在全体社会学上的现象。就是这个,已足以认他在人类思想有效果的概念中,占优尚的位置,于学术界、思想界有相当的影响。小小的瑕疵,不能掩了他那莫大的功绩。

有人说,历史的唯物论者以经济行程的进路为必然的、不能免的,给他加上了一种定命的彩色,后来马克思派的社会党,因为信了这个定命说,除去等着集产制自然成熟以外,什么提议也没有,什么活动也没有,以致现代各国社会党都遇见很大的危机。这固然可以说是马氏唯物史观的流弊,然自马氏与昂格思合布《共产者宣言》,大声疾呼,檄告举世的劳工阶级,促他们联合起来,推倒资本主义,大家才知道社会主义的实现,离开人民本身,是万万作不到的,这是马克思主义一个绝大的功绩。无论赞否马氏别的学说的人,对于此点,都该首肯。而在《社会主义者评论》(*Socialist Review*)第一号揭载的昂格思函牍中,昂氏自己说,他很喜欢看见美国的工人,在于政治信条之下,作出一种组织,可见他们也并不是坐待集产制自然成熟，一点不去活动的。而在别一方面，也可以拿这社会主义有必然性的说，坚人对于社会主义的信仰，信他必然发生，于宣传社会主义上，的确有如耶教福音经典的效力。

历史的唯物论者说经济现象可以变更法律现象，法律现象不能变更经济现象，也有些人起了疑问。历史的唯物论者既承认一阶级的团体活动，可以改造经济组织，那么一阶级的团体活动，虽未至能改造经济组织的程度，而有时亦未尝没有变更经济行程趋势的力量。于此有个显例，就是现代劳工阶级的联合活动，屡见成功，居然能够屈服经济行程的趋势。这种劳工结合，首推英国的"工联"（Trade unions）为最有效果，他们所争在增加劳银。当时经济现象的趋势是导工人于益困益卑的地位，而工联的活动竟能反害为利。大战起来以后，"工联"一时虽停止活动，战事既息，他们又重张旗鼓。听说铁路人员总会、交通劳动者（专指海上劳动者）联合会和矿夫联合会三种工联，联合起来，向政府及资本家要求种种条件，声势甚猛（参照《每周评论》第三十三号欧游记者明生君通信），将来的效果必可更大。这自觉的团体活动，还没有取得法律的性质，已经证明他可以改变经济现象的趋势。假使把这种活动的效力，用普通法律，或用那可以塞住经济现象全进路的财产法，保障起来，巩固起来，延长他那效力的期间，他那改变经济现象趋势的效力，不且更大么？试把英、法二国的土地所有制比较来看：在英国则诺曼的侵略者及其子孙，依战胜余威，获据此全土，而与其余人口相较，为数甚少，故利在制定限嗣财产制与脱拉斯制，以保其独占权，结果由此维持住大地产制。在法国则经数世纪的时间，贵族及僧侣阶级的财产为革命的中产阶级所剥夺，这剥夺他们的中级人民人口的数，又占全体的大部，故利在分割而不在独占，适与英国的诺曼侵略者及其子孙相反，于是中级人民催着通过特别遗书遗产法，以防大财产制的再见。他们二国的财产法和防遏或辅助田间经济现象趋势的法制，这样不同，所以导他们经济的表现与进化于不同的境界。一则发生狠大的领地财产、隐居主义、为害田禾的牧业、全国的人口减少、农村人口的放逐与财富的分配极不平均种种现象。一则发生土地过于割裂、所有者自治其田畴、强盛的农业、节俭之风盛行、分配平均种种现象。这样看来,经济现象和法律现象,都是社会的原动力,他们可以互相影响,都于我们所求的那正当决定的情状有密切的关系。那么,历史的唯物论者所说经济现象有不屈不挠的性质,就是团体的意思、团体的活动,在他面前都得低头的话,也不能认为正确了。但是此等团体的活动,乃至法律,仍是在那可以容他发生的经济构造以上的现象,仍是随着经济的趋势走的,不是反着经济的趋势走的。例如现代的经济现象,一方面劳工阶级的生活境遇日趋于困难;一方面益以促其阶级的自觉,益增其阶级活动的必要,益使其活动的效果足以自卫。这都是现在资本主义制下自然的趋势,应有的现象,不能作足以证明法律现象可以屈抑经济趋势的理据;与其说是团体行动,或法律遏抑经济趋势的结果,毋宁说是经济本身变化的行程。英、法二国财产制之著效,也是在他们依政治的势力,在经济上得占优势,得为权力阶级;以后的事,也全是阶级竞争的结果。假使在英国当时定要施行一种防遏大地产制的法律,在法国当时定要施行一种禁抑小财产制的法律,恐怕没有什么效果。在经济构造上建立的一切表面构造,如法律等,不是绝对的不能加些影响于各个的经济现象,但是他们都是随着经济全进路的大势走的,都是辅助着经济内部变化的,就是有时可以抑制各个的经济现象,也不能反抗经济全进路的大势。我们可以拿团体行动、法律、财产法三个联续的法则,补足阶级竞争的法则,不能拿他们推翻马氏唯物史观的全体。

有许多人所以深病"马克思主义"的原故,都因为他的学说全把伦理的观念抹煞一切,他那阶级竞争说尤足以使人头痛。但他并不排斥这个人高尚的愿望,他不过认定单是全体分子最普通的伦理特质的平均所反映的道德态度,不能加影响于那经济上利害相同自觉的团体行动。我们看在这建立于阶级对立的经济构造的社会,那社会主义伦理的观念,就是互助、博爱的理想,实在一天也没有消灭,只因有阶级竞争的经济现象,天天在那里破坏,所以总不能实现。但这一段历史,马氏已把他划入人类历史的前史,断定他将与这最后的敌对形式的生产方法,并那最后的阶级竞争一齐告终。而马氏所理想的人类真正历史,也就从此开始。马氏所谓真正历史,就是互助的历史,没有阶级竞争的历史。近来哲学上有一种新理想主义出现,可以修正马氏的唯物论,而救其偏蔽。各国社会主义者,也都有注重于伦理的运动、人道的运动的倾向,这也未必不是社会改造的曙光,人类真正历史的前兆。我们于此可以断定,在这经济构造建立于阶级对立的时期,这互助的理想、伦理的观念,也未曾有过一日消灭,不过因他常为经济构造所毁灭,终至不能实现。这是马氏学说中所含的真理。到了经济构造建立于人类互助的时期,这伦理的观念可以不至如从前为经济构造所毁灭。可是当这过渡时代,伦理的感化,人道的运动,应该倍加努力,以图划除人类在前史中所受的恶习染,所养的恶性质,不可单靠物质的变更。这是马氏学说应加救正的地方。

我们主张以人道主义改造人类精神,同时以社会主义改造经济组织。不改造经济组织,单求改造人类精神,必致没有效果。不改造人类精神,单求改造经济组织,也怕不能成功。我们主张物心两面的改造,灵肉一致的改造。

总之,一个学说的成立,与其时代环境,有莫大的关系。马氏的唯物史观,何以不产生于十八世纪以前,也不产生于今日,而独产生于马氏时代呢?因为当时他的环境,有使他创立这种学说的必要和机会。十八世纪以前的社会政治和宗教的势力,比经济的势力强,所谓社会势力从经济上袭来的很少。因为原始社会的经济组织是仅求自足的靠着自然的地方居多,靠着人力的地方还少,所以宗教和政治的势力较大。譬如南美土人,只伸出一张口,只等面包树、咖啡树给他吃喝,所以他们只有宗教的感谢,没有经济的竞争。到了英国产业革命后的机械生产时代,人类脱离自然而独立,达到自营自给的经济生活,社会情形为之一变,宗教政治的势力全然扫地,经济势力异军苍头特起支配当时的社会了。有了这种环境,才造成了马氏的唯物史观。有了这种经济现象,才反映以成马氏的学说主义。而马氏自己却忘了此点。平心而论马氏的学说,实在是一个时代的产物;在马氏时代,实在是一个最大的发见。我们现在固然不可拿这一个时代一种环境造成的学说,去解释一切历史,或者就那样整个拿来,应用于我们生存的社会,也却不可抹煞他那时代的价值,和那特别的发见。十字军之役,固然不必全拿那历史的唯物论者所说,全是经济的意味去解释,但当那僧侣彼得煽动群众营救圣墓的时候,彼得与其群众虽然没有经济的意味参杂其间,或者纯是驱于宗教的狂信,而那自觉的经济阶级,实在晓得利用这无意识的反动,达他们有意识的经济上的目的。从前的历史家,完全把经济的意味蔑视了,也实未当。我们批评或采用一个人的学说,不要忘了他的时代环境和我们的时代环境就是了。

<h1 style="text-align:center">八</h1>

我于上篇,既将马氏的"唯物史观"和"阶级竞争说"略为评述,现在要述他的"经济论"了。马氏的"经济论"有二要点:一"余工余值说",二"资本集中说"。前说的基础,在交易价值的特别概念。后说的基础,在经济进化的特别学理。用孔德的术语说,就是一属于经济静学,一属于经济动学。

今先述"余工余值说"。

马氏的目的,在指出有产阶级的生活,全系靠着无产阶级的劳工。这并不是马氏新发明的理论,从前 Sismondi、Saint-Simon、Proudhon、Rodbertus 诸人,在他们的著作中,也曾有过这种议论。不过他们的批评,与其说是经济的,毋宁说是社会的。私有财产制及其不公,是他们攻击的标的。马氏则不然,他郑重的归咎于经济科学的本身,特别归咎于交易观念。他所极力证明这私营事业必须存在的理由,就是因为这是交易不能免的结果。——一个经济上的必要,贵族与平民都须服从的。

马氏的"余工余值说",是从他那"劳工价值论"演出来的。

马氏说劳工不只是价值的标准与理由,并且是价值的本体。从前 Ricardo 也曾有过类似的观念,但他未能决然采用。马氏于此,毅然采取其说,不像 Ricardo 的踌躇。

马氏也决不否认"效用是价值的必要条件"。由效用的价值而论,这的确是唯一的理由,但他以为单拿效用这一点说明交易的价值,理据尚不充足。每在一个交易的行为,两个物品间必含着共同的原素,一致的等级。此种一致,决不是效用的结果,因为效用的等级,在每个物品中均不相同。而所以构成交易这件事存在的理由的,就是这个不同。在那些性质各异的物品中所含的共同原素,不是效用,乃是那些物品中所含劳工分量的大小。每个物品的价值,应该纯是物品中所含人类劳工结晶的全量。物品价值的分别,全依劳工的分量而异。此等劳工,是于生产这些物品有社会的必要的东西。

例如有一工人在一种产业里作工,一日工作十小时,什么是他的生产物的交易价值呢?这交易价值,应该是他那十小时劳工的等量。他所生产的,是布,是煤,或是他物,都不必问。按工银交易的条件,资本家把处分物品的权保留在自己手中,而按实在的价值出售。这实在的价值,就是十小时劳工的等量。

工人的工力(Labour force)为工银所买,与其本人断绝关系。工银专以代表资本家偿他工力的物价,而资本家即保持自由处分这个物品(指工力)的权利于自己手中。工力价值的决定,与别的可以交易的物品相同。工力恰是一种物品,他的价值也是由那于他的生产所必需的劳工时间数目决定。

生产工力所必需的工量(Labour quantity),是一种稍觉奇异的话,初究马氏学说的人,最难领会其旨趣。但是必须领会,才得了解马氏的经济学说。实在稍加研究,觉得这种见解也并没有什么稀奇。设若拿一个机械的活动代替一个工人的劳工,执一个工程师,问他这架机械要多少维持费? 他决不以为奇,并且立答以每时每日需多少吨煤炭,而煤炭的价值,又纯是代表那采掘煤炭的一定人工的总积。我们把煤炭换成劳工去说明他,又有什么难懂呢?

工银制下的工人,纯是一种机械。所不同的地方,维持机械的财物是在他处由他人的劳工生产出来的,维持工人的财物是由他自己的劳工生产的一小部分。一时间的劳作,或一日的辛苦,其价值均可以在那个时间保持那个工人使他能够完全维持他的生产力所必需的需要为标准。无论资本家以物品以金钱偿他的工值,都是代表那必要费的价值。

维持工力所必要的物品的价值,永不能与那工力的生产的价值相等。例如一日维持工力所必要的物品的价值,决不能与十小时工力的价值相等,或且不抵五小时。在模范状态下的人类工力,常足以生产比他所单纯消费的物品的价值多。

工人所生产的价值,全部移入资本家的手中,完全归他处分。而以其一小部分用工银的名目还给工人,其量仅足以支应他在生产此项物品的期间所消用的食品,余则尽数归入资本家的囊中。生产物的售出,其价与十小时的工力相等,而工人所得,则止抵五小时工力的价值。其余五小时工力的价值，马氏叫作"余值"（Surplus value）。

这样办去，资本家获得工人十小时的工力，而仅以五小时的代价还给工人。其余五小时的工力，在工人毫不值钱。前五小时间工人所生产的，等于他的工值。第五时以后他所做的工，于他什么也不值了。这生产"余值"的额外时间，于工人本身一文不值的工力，马氏叫作"余工"（Surplus labour）。

余值既全为资本家的掠夺品，那工人分外的工作，就是余工，便一点报偿也没有。刚是对工人的能力课额外的汗血税，而为资本家增加幸运，这是现代资本主义的秘密，这是资本主义下资本家掠夺劳工生产的方式。

因为这个原故，资本家的利益，就在增大余值。他们想了种种方法，达这个目的。解析这些方法，揭破资本主义的秘密，就是马氏学说特色之一。依马氏的解析，资本家增大余值的方法有二要着：

一、尽力延长工作时间，以求增加余工时间的数目。假使工作时间的数目，可以由十小时增至十二小时，这余工时间，自然可以由五小时增至七小时。企业家常谋为此。虽有工场立法，强制些产业限制工作时间，于阻止余值的增长多少有点效果，但推行的范围，究竟限于少数产业，所以"八时间工作"的运动，仍不能不纷纷四起。

二、尽力缩短生产工人必要生活费的时间。假令生产工人必要生活费的工作时间，由五小时缩短至三小时，那余工时间自然由五小时增至七小时了。此种缩短，是可以由产业组织的完全或由生活费的减少作得到的。生活费减少，常为由协力（Cooperation）的影响所生的结果。资本家每依建立慈善院或雇用比成人生活费较少的妇幼劳工以图此利益。妇幼离开家庭，那一切家事乃至煮饭洗衣等等，都留给男子去做。但若有维持女工工银与男工相等的方法或限制妇幼劳工的法律，此种战略，也就完全失败了。

马氏的论旨,不在诉说资本家的贪婪,而在揭破资本主义的不公。因为掠夺工人的,并不是资本家,乃是资本主义。工银交易的条件,资本家已经全然履行。你得一份钱,他买一份货,也算是公平交易。既然许资本主义与自由竞争行于经济界,这种结果是必不能免的。资本家于此,固极愿购此便宜物品,因为他能生产比他自身所含价值还多的东西。惟有这一班可怜的工人,自己把自己的工力像机械一般贱价给人家,所得的价格,仅抵自己生产价值之半,或且不及其半,在法律上经济上全没有自卫之道,而自己却视若固然。这不是资本家的无情,全是资本主义的罪恶!

九

前节所述,是马氏"价值论"的要旨。而与其"价值论"最有关系的"平均利润率论",也不可不略为说明。

今于说明"平均利润率论"以前,须先说一说那余值怎么变成利润的道理。余值本是由劳工生产的价值中除去他的必要生活费所余的价值。这必要生活费就是可变资本。是资本的一部分,不是资本的全部。余值的发生,是单由于可变资本,不是由于资本全部。但因生产物品时支出的费用都出自资本(这些费用,马氏叫作费用价格),而于费用价格的表形,不能认可变资本与不变资本间有何等区别,就把那仅与可变资本有关系的余值作成与全资本都有关系的样子。工力的价格就变成工银,工力生产的余值就变成利润了。我们可用下列的论式表明这个道理:

1. 全资本(C)由不变资本(c)与可变资本(v)而成,

2. 可变资本生出余值(m),

3. 余值对于可变资本的比例 $\left(\dfrac{m}{v}\right)$ 叫作余值率,用 m′ 代他,

4. 因而得 $\dfrac{m}{v}$=m′ 的公式,

5. 又生 m=m′v 的公式,

6. 今不令余值仅关系于可变资本,而使关系于全资本,把他叫作利润(P),

7. 余值对于全资本(C)的关系 $\left(\dfrac{m}{C}\right)$ 为利润率,用 P′ 代他,

8. 从而得 $P'=\dfrac{m}{C}=\dfrac{m}{c+v}$ 的公式,

9. 若把 m 换成 m′v 又得 $P'=m'\dfrac{v}{C}=m'\dfrac{v}{c+v}$ 的新公式,

10. 再把他换成比例式,断得 P′:m′=v:c 的公式。

依此我们可以证明利润率之于余值率的关系,与可变资本之于全资本的关系相等。我们又可断定利润率(P′)常比余值率(m′)小,因为可变资本(v)常比全资本(C)小(C=c+v)。

资本主义把那仅与可变资本有关系的余值,变成与全资本有关系的利润,把那对于可变资本的比例的余值率,变成对于全资本的比例的利润率。在这神秘的形态中,把余值用利润的名义尽行掉去的真象,就是如此。

依以上所述的原理,余值随可变资本而增减,全与不变资本的多少无关。但实际上无论可变不变二种资本的比例如何变动,利润率常为同一。这是一个显然的矛盾。为使理论愈益明显,分析解说如下:

1. 余值准可变资本的多少而增减,可变资本多则余值多,可变资本少则余值少。

2. 利润率是把余值以对于全资本(合不变与可变二种)的比例表

明的东西,故可变资本多则利润率高,少则利润率低。

3. 然于实际,不拘可变资本分的多少,同一的全资本额有同一的平均利润率。

依马氏可变资本分多则利润率高,少则低的定理,应如下表:

C （全资本）		c （不变）		v （可变）	m′ 余值率	m 余　值	P′ 利润率
100	＝	80	＋	20	100％	20	20％
100	＝	70	＋	30	100％	30	30％
100	＝	60	＋	40	100％	40	40％
100	＝	85	＋	15	100％	15	15％
100	＝	95	＋	5	100％	5	5％

而于实际,这五种产业的利润率都为同一,与价值原则绝不相容。这就是"平均利润率的谜"。

昂格思在《资本论》第二卷的序文中曾说,这个矛盾,Ricardo 已经看出而未能解释,Rodbertus 也曾注意而未能解决,至于马氏,在他的《经济学批评》里,已经解决过这个问题,而在《资本论》第三卷始完全与以解答。故解释"平均利润率的谜",在马氏书中是一个最著名的点,而因为解释此谜的原故,把他的"劳工价值论"几乎根本推翻。他的学说本身,发生一绝大矛盾,故又是一个最大弱点。

马氏解谜的键,并没有什么稀奇的道理,不过是:

一、商品若能按其价值被买卖,利润率必生种种差别。

二、然于实际,商品不能按其价值被买卖。

三、即于实际,以按不变可变两资本平均结合比例以上的比例结合的资本生产的商品,于其价值以上被买卖。以平均以下的比例的资本生产的商品,于其价值以下被买卖。

马氏以下表说明这个道理:

	资本结合比例	余值	已经消费的资本	商品的		商品卖价	利润率	价值与卖价的差
				价值	费用价格			
Ⅰ	80c+20v	20	50	90	70	92	22%	+2
Ⅱ	70c+30v	30	51	111	81	103	22%	−8
Ⅲ	60c+40v	40	51	131	91	113	22%	−18
Ⅳ	85c+15v	15	40	70	55	77	22%	+7
Ⅴ	95c+5v	5	10	20	15	37	22%	+17

我们再把此表细加说明如下:

一、Ⅰ例　不变资本80　可变资本20　合计100

　　　Ⅱ例　不变资本70　可变资本30　合计100

　　　Ⅲ例　不变资本60　可变资本40　合计100

　　　Ⅳ例　不变资本85　可变资本15　合计100

　　　Ⅴ例　不变资本95　可变资本 5　合计100

二、余值率$\left(\dfrac{m}{v}即 m'\right)$依马氏的定理皆为同一。兹假定余值率为100%,

三、那么

　　Ⅰ例,对于可变资本20 其100%的余值为20

　　Ⅱ例,对于可变资本30 其100%的余值为30

　　Ⅲ例,对于可变资本40 其100%的余值为40

　　Ⅳ例,对于可变资本15 其100%的余值为15

Ⅴ例,对于可变资本 5 其100％的余值为 5

四、费用价格,即生产费,应该与恰足收回(1)可变资本的全部及(2)不变资本中被消费的部分二者的数相当。那不变资本中被消费的部分,假定Ⅰ例为50,Ⅱ例为51,Ⅲ例为51,Ⅳ例为40,Ⅴ例为10,

五、那么费用价格的额,应如下表:

	可变资本		消费资本额		费用价格
Ⅰ	20	＋	50	＝	70
Ⅱ	30	＋	51	＝	81
Ⅲ	40	＋	51	＝	91
Ⅳ	15	＋	40	＝	55
Ⅴ	5	＋	10	＝	15

六、商品的价值,等于把余值与上表所举的费用价格合算起来的数。就是Ⅰ 70＋20＝90 Ⅱ 81＋30＝111 Ⅲ 91＋40＝131 Ⅳ 55＋15＝70 Ⅴ 15＋5＝20

七、商品若能按其价值买卖,其卖价应如下表:

Ⅰ	Ⅱ	Ⅲ	Ⅳ	Ⅴ
90	111	131	70	20

八、而于实际,商品不能按其价值买卖,而以对于平均结合比例所生的余值与费用价格的合计为卖价。用不变资本在平均结合比例以上时,其卖价在上表所列的价值以上。用不变资本在平均结合比例以下时,其卖价在上表所列的价值以下。

九、今为看出这个平均结合比例,应该把第一至第五的资本总括起来,算出不变可变两种资本的百分比例。就是:

资本总额 100＋100＋100＋100＋100＝500

不变资本总额　80＋70＋60＋85＋95＝390

可变资本总额　20＋30＋40＋15＋5＝110

把这二种资本总额变成百分比例,得式如下:

$$\frac{390}{500}=78\% \qquad \frac{110}{500}=22\%$$

而余值总额为　20＋30＋40＋15＋5＝110

$$\frac{110}{500}=22\%$$

十、这22％就是对于平均结合比例78c＋22v＝100,所生的余值就是对于全资本额的平均利润率。

十一、那么实在的卖价,应是:

Ⅰ　70＋22＝92　　Ⅱ　81＋22＝103　　Ⅲ　91＋22＝113

Ⅳ　55＋22＝77　　Ⅴ　15＋22＝37

十二、随着资本结合的比例不同,有的得其价值以上的卖价,有的得其以下的卖价。现在把这五个例的卖价与其价值的差额算出如下:

第一例,卖价比价值多二

第二例,卖价比价值少八

第三例,卖价比价值少十八

第四例,卖价比价值多七

第五例,卖价比价值多十七

十三、再把这五个例的差额合算起来 2－8－18＋7＋17＝0,各个的差异正负相消,由全体上看,卖价与价值仍无二致。

这就是马氏的平均利润率论。

由马氏的平均利润率论看起来,他所说的生产价格——就是实际卖价——和他所说的价值全非同物。但于价值以外，又有一种实际卖价，为供求竞争的关系所支配，与生产物品所使用的工量全不相干。结果又与一般经济学者所主张的竞争价格论有什么区别？物品的实际价格既为竞争所支配，那劳工价值论就有根本动摇的危险。劳工价值论是马克思主义的基础，基础一有动摇，学说全体为之震撼。这究不能不算是马克思主义的一大遗憾。

十

　　马氏的余值说与他的资本说很有关系。他的名著就是以"资本"这个名辞被其全编，也可以看出他的资本说在他的全学说中占如何重要的位置。我所以把他略为介绍于此。

　　马氏分资本为不变与可变两种。原来资本有二个作用：一是自存，一是增殖。资本用于生产并不消失，而能于生产物中为再生产，足以维持他当初的价值，这叫资本的自存。而资本又不止于自存，生产的结果，更于他本来价值以上生出新价值，这叫资本的增殖。马氏称自存的资本为不变资本（Constant capital），称增殖的资本为可变资本（Variable capital）。能生增殖的，惟有劳力。故惟资本家对于劳工所给的劳银或生活必要品，是可变资本，其余生产工具，都是不变资本。

　　马氏所说的不变资本，也不是说形态的不变，是说价值的不变。在一生产经过中变其形态的资本，为流通资本，不变其形态的资本，为固定资本。然几经生产以后，就是固定资本，也不能不变其形态。没有永久不变形态的资本。永久不变的，只是他的价值。一万元的资本，千百年前是一万元，千百年后还是一万元。这项资本中永久不变的东西，就是这一万元的价值。

不变资本不能产出余值，只能产出他的价值的等值，他的价值，就是生产他的时候所吸入的价值的总额。

不变资本也是由劳力结晶而成的生产物。他的价值也是依劳工时间而决定，与别的生产物全是一样。

马氏为什么分资本为不变与可变二种呢？就是因为以利息普遍率说为前提。利息普遍率说是由来经济学的通说。其说谓凡资本都能自存，不能自存的，不是资本，是消费财。这个自存，不因事业的性质使用者的能力而异，全离开人格超越环围而行。这就是利息所以有普遍率的原故。一万元的资本，用到农业上商业上均是一万元。这一万元因把他用于生产上生出利息。这个利息为资本自存的价值，随时随地有一定普遍的率，决没有甲的一万元生一分利息，乙的一万元生二分利息的道理。有之就是把别的所得，在利息名义之下混合来的。然在实际上，同是值一万元的资本，他的生产效程决不一样。房屋与机器同是值一万元的东西，而房屋与机器的生产效程不同。同是用一万元买的机器，而甲机器与乙机器的生产效程各异。可是生产分配分的利息普遍均等。有的学者说这个差异不是资本的作用，全是企业能力的关系，富于企业能力的去经营，所得的生产效果多，否则少，故主张以此项差额归入企业的利润。马氏以为不然，他说所以有这个差额的原故，全是因为自存的资本以外有增殖的资本。自存的资本，当然受一定普遍的利率，以外的剩余，都是增殖的资本所生的。增殖的资本，就是资本中有生这个剩余的力量的。有这个力量的资本，只是那用作劳工生活维持料的资本。资本的所有者应该以自存就算满足，应该作不变资本的所得承受利息。那可变资本所得的增殖，全该归生出这个的工人领受，要是把这个归于资本家或企业家，就是掠夺劳工的正当权利，企业的利润，就是赃物的别名。

只有价值决不能生产，必有劳工运用他才能有生产的结果，因为劳工是资本的渊源。可是只有劳工没有维持他们生活的可变资本，还是不能生产。我们从此可以看出劳工与资本也应该有些结合。

于此我们应加特别注意的，就是为社会主义经济学鼻祖的马克思与那为个人主义经济学鼻祖的亚丹·斯密氏两人的资本论颇有一致的点，且不是偶然一致，他们实在有系统的立于共同思想上的地方。

马克思分资本为不变与可变二种，亚丹·斯密则分资本为固定与流通二种。亚丹·斯密的固定资本，适当马克思的不变资本，流通资本适当可变资本。其相同的点一。

他们都认随着产业的种类这二种资本配合的比例也不一样。其相同的点二。

马克思主张惟可变资本才能于收回自己的本来价值以外生产余值，余值率常依可变资本的多少为正比例。亚丹·斯密主张固定资本不能自己生出收益，必赖流通资本的助力始生收益的剩余。其相同的点三。

马克思说惟有用作维持劳工生活资料的资本是可变资本。亚丹·斯密列举流通资本的内容，也以维持劳工生活的资料为主。其相同的点四。

可是马克思的可变资本与亚丹·斯密的流通资本，其内容也并非全同。亚丹·斯密的流通资本中，实含有 1. 止于收回自己本来价值的，2. 以外还生出剩余的二部分。就是把马克思的 1. 被消费的不变资本的部分，2. 可变资本的全部，二者合称为流通资本。那么亚丹·斯密的所谓收益（Revenue），其实也把自己收回分包含在内，就是于马克思的所谓余值以外，并括有生产费在内。

马克思主张劳工价值说，亚丹·斯密主张生产费价值说，二人的出发点不同。可是马克思终于依了生产费价值说才能维持他的平均利润率说，又有殊途同归的势子。

总之，不变可变资本说是支撑马氏余值论的柱子，余值论又是他的全经济学说的根本观念，这资本说被人攻破，马氏经济学说必受非常的打击。然而他的不变可变资本说与亚丹·斯密的固定流通资本说大致相同。而在亚丹·斯密的固定流通资本说，则人人祖述奉为典型，以为是不能动摇的定理。而在马克思的不变可变资本说，则很多人攻击，甚或加以痛诋，我们殊为马氏不平！

十一

宗马氏的说，入十六世纪初期，才有了资本。因为他所谓资本，含有一种新意义，就是指那些能够生出使用费的东西。这个使用费，却不是资本家自己劳力的结果，乃是他人辛苦的结果。由此意义以释"资本"，十六世纪以前，可以说并没有资本与资本家。若本着经济上的旧意义说资本单是产生的工具，那么就是十六世纪以前，也何尝没有他存在？不过在那个时代，基尔特制（Guild system）下的工人，多半自己有自己的工具，与马氏用一种新意义解释的资本不同。

马氏根据他那"社会组织进化论"，发见这种含有新意义的资本，渐有集中的趋势，就构成了他的"资本集中论"。

请述他的"资本集中论"的要旨。近代科学勃兴，发明了许多重要机械，致人类的生产力著见增加，从前的社会组织，不能供他回翔，封建制度的遗迹，遂全被废灭。代他而起的，乃为近代的国家。于是添了许多新的交通手段，辟了许多新的市场。这种增大的生产力，得了适应他的社会组织，得了适应他的新市场。随着公债的成立，又发生了好多的银行和商业公司，更足助进产业界的发展。从前的些小工业都渐渐的被大产业压倒，也就渐渐的被大产业吸收了。譬如 Trusts 与 Cartels

这些组织，在马氏当时，虽未发生，到了现在，却足作马氏学说的佐证。这 Trusts 与 Cartels 的组织，不止吸收小独立产主，并且把中级产主都吸收来，把资本都集中于一处，聚集在少数人的手中。于是产业界的权威，遂为少数资本家所垄断。

上节所说，是资本家一方面的情形。工人这一方面呢？因受这种新经济势力的压迫，不能不和他们从前的财产断绝关系，不能不出卖他自己的劳力，不能不敲资本家的大门卖他自己的人身。因为他们从前卖自己手造的货品的日子过去了，封建制度和基尔特制度的遗迹都消灭了，他们不卖自己的筋力别无东西可卖了！这些工人出卖的劳力，可以产出狠多的余值，一班资本家又能在公开市场里自由购买，这真是资本家们创造新样财产的好机会。但是这种新样财产的造成，全是基于别人的汗血，别人的辛苦。他们新式财产之成功，就是从前基于自己劳力而成的旧式财产之破灭。少数资本家的工厂，就是多数无产阶级的大营。从前的有产阶级，为了这个事业，不知费了多少心力，奔走呼号了三世纪之久，他们所标榜的"人权"、"工人自由"的要求，正是他们胜利的凯歌。因为他们要想在市场里收买这种便宜货品，必须使这些工人脱离以前的关系，能够自由有权以出售他自己。他们的事业成功了，工人的运命也就沉落在地底了！

资本主义是这样发长的，也是这样灭亡的。他的脚下伏下了很多的敌兵，有加无已，就是那无产阶级。这无产阶级本来是资本主义下的产物，到后来灭资本主义的也就是他。现今各国经济的形势，大概都向这一方面走。大规模的产业组织的扩张，就是大规模的无产阶级的制造。过度生产又足以缩小市场，市场缩小，就是工人超过需要，渐渐成了产业上的预备军，惟资本家之命是听，呼之来便来，挥之去便去。因为小产主的消灭与牧业代替农业的结果，农村的人口也渐集中于都市，这也是助长无产阶级增长的一个原因。无产阶级愈增愈多，资本愈集中，资本家的人数愈少。从前资本家夺取小手工小产业的生产工具，现在工人要夺取资本家的生产工具了。从前的资本家收用手工和小产业的生产工具，是以少数吸收多数压倒多数，现在工人收用资本家的生产工具，是以多数驱逐少数，比从前更容易了。因为无产阶级的贫困，资本家在资本主义下已失救济的能力，阶级的竞争因而益烈。竞争的结果，把这集中的资本收归公有，又是狠简单的事情。"善泅者死于水，善战者死于兵。"凡物发达之极，他的发展的境界，就是他的灭亡的途径。资本主义趋于自灭，也是自然之势，也是不可免之数了。从前个人自有生产工具，所以个人生产的货品当归私有，现在生产的形式已经变为社会的，这分配的方法，也该随着改变应归公有了。资本主义的破坏，就是私有财产制的破坏。因为这种财产，不是由自己的劳工得来的，是用资本主义神秘的方法掠夺他人的辛苦得来的，应该令他消灭于集产制度之下，在资本主义未行以前，个人所有的财产，的确是依个人的劳工而得的。现在只能以社会的形式令这种制度的精神复活，不能返于古昔个人的形式了。因为在这大规模的分工的生产之下，再复古制是绝对不可能。只能把生产工具由资本家的手中夺来，仍以还给工人，但是集合的，不是个人的，使直接从事生产的人得和他劳工相等的份就是了。到了那时，余工余值都随着资本主义自然消灭了。

以上系马氏经济论的概要，本篇暂结于此。

史学与哲学①

今日所要和诸位商榷的,是史学及文学与哲学的关系。主体是讲史学。凡一种学问必于实际有用处,文学、史学都是如此。但是用处是多方面的,得到了一种知识,以此知识为根据去解决一种问题是用处;以所有的学识,成一著作与学术界相商榷以期到一个是处,也是用处。但是最要紧的用处,是用他来助我们人生的修养,却有极大的关系。人们要过优美的高尚的生活,必须要有内心的修养。史学、哲学、文学都于人生有密切的关系,并且有他们的好处。从不同的研究,可以得到同的结果,与我们以不同的修养。哲学、文学,在我国从前已甚发达。史则中国虽有史书甚多,而史学却不发达,这不但中国为然,外国也是如此。因为史学正在幼稚时代,进步甚慢。但他于人生有极大影响,我们不但要研究他,且当替他宣传,引起人们研究的兴味,以促史学的进步。

一、历史一辞的意义

说文解字说,史是记事的人(即是书记官),史字从中从又,中是中正的意思。文字学家说:又字是象形字,中字不是中正的中,乃是册的象形字。史学有书役的义,即指掌记事者而言。日本训"史"字有フヒ

---

① 本文 1923 年 4 月 17—19 日发表于天津《新民意报》副刊。

卜,以之为归化的人而专从事于文笔的事者的姓。此"史"字遂有辗转而有记录的意思。英语称历史为 History,法语为 Histoire,意语为 Storia,皆由希腊语及拉丁语从 Historia 而起,本意为"问而知之",把"问而知之"的结果写出来,即为记录,即是 History。德语称历史为 Geschichte,荷兰语为 Geschiedenis,原皆指发生的事件或偶然的事变而言。各国文字的本义都不相同,今日使用的意义也复各异,所以发生了混乱错杂的见解了。

我们日常泛言历史,其涵义约有三种:(一)譬如说吾汉族有世无与比的历史,这并不指记录而说,乃指民族的经历或发展的过程,所以四千年的历史一语,可以说是文化进化的代名字;(二)又如说吾国无一可观的历史,其意乃指见识高远,文笔优美的历史书籍而言;(三)又如问一友人以君所专攻的科目是什么? 答云历史。此历史二字,乃指一种科学的学问而言。中国并不没有普通的记录,而专攻历史,以历史为一门科学的,却是没有。我们现在所要讨论的,就是成为一种科学的历史究是什么。

二、历 史 的 定 义

关于历史的定义,史家不一其辞。因为各人目光不同,定义也因此各异,而现在史学又不十分发达,所以完全妥当的定义,竟是没有。今且举出几个定义中,我们或者能得到一个史学的概念。

Felint 的史的定义

弗氏谓历史学即是历史哲学。他说:"历史哲学,不是一个从历史事实分出来的东西。乃是一个包蕴在历史事实里边的东西。一个人愈能深喻历史事实的意义,他愈能深喻历史哲学。而于历史哲学,也愈能深喻于其神智。因为历史哲学，只是些历史事实的真实性质与根本关系的意义，合理的解释、知识罢了。"这里他所说的历史哲学，史学也包括在内。

Lamprecht 的史的定义

郎氏在他的《什么是历史》一书中说："史事本体无他，即是应用心理学。历史乃是社会心理学的科学。"

Van Loon 氏的史的定义

万龙氏作有《人类史》一书。他的序文中有几句警语："最善的点，乃在环绕吾们的光荣的过去的大观，当我们返于我们日常的事业的时候，与吾们以新鲜的勇气，以临将来的问题。"

又说："历史是经验的伟大楼阁，这是时间在过去世代的无终界域中建造的。达到这个古代建筑物的屋顶，并且得到那全部光荣的利益，不是一件容易的事。除非青年的足是健强的，这事才能做到。此外绝无人能登临。"

内田银藏博士的史学的要义

内田银藏博士是日本的史学者，他说史学有三要义。

（一）随着时间的经过，人事进化不已。研究历史，当就其经过的行程而为考察。社会一天一天不断的发达进化，人事也一天一天不断的推移进行。就其发达进化的状态，就是就其不静止而移动的过程，以遂行考察，乃是今日史学的第一要义。

（二）当就实际所起的情形，一一搜察其证据。考察历史，须不驰空想，不逞臆测，应就现实发生的事例，依严密的调查考察，证据的手段，以究明人事的发展进化。这是历史的研究的特色。

（三）不把人事认作零零碎碎的东西去考察他，应该认作为有因果的，连锁的东西去考察他。

现在的历史的研究，不能单以考察片段的事实为能事。须把人事看做整个的来研究，就其互相连锁的地方去考察他，以期能够明白事实与事实间相互的影响和感应，——即是因果。但零碎的事实，也很要紧的。没有零碎，便没有整个。所以当就一个一个的零碎为基础，而后当做一个整个的而观察他的因果的关系。不过此一个一个事实，必须考查精确。假使是假的，差误的，那么由此而生的整个，也靠不住了。但太致力于烦琐的末节，而遗其大端，那也是不足取的。

梁任公氏的史学定义

最近梁任公氏著有《中国历史研究法》一书，在那本书里所下的史的定义是："记述人类社会赓续活动的体相，校其总成绩求得其因果关系，以为现代一般人活动资鉴的是史。"

以上所举的，不过是供吾人参考的资料。我甚希望诸位参考诸家的说，自己为史学下一个比较的完全确切的定义。

三、史学与哲学及文学的关系

讲到史学与哲学文学的关系，最好把倍根的分类先来参考一下。关于人生的学问，本不能严格的分开，使他们老死不相往来的，因为人生是整个的。但现在为分工起见，所以不得不分成多种专门的学，以求深造。但学问虽贵乎专，却尤贵乎通。科学过重分类，便有隔阂难通之弊。所以虽然专门研究，同时相互的关系，也应知道。专而不进，也非常危险，尤以关于人生的学问为然。史学和哲学、文学的来源是相同的，都导源于古代的神话和传说。虽然我们分工之后，同源而分流，但也一样可以帮助我们为人生的修养，所以也可以说是殊途而同归的。

倍根的分类，见于他所著的 *Advancement of Learning*（1605）及以拉丁文著的 *The Dignity and Advancement of Learning*（1623），这

二书都是讲当时的思想的发展的。在此二书中,他把学问分为三大类:
(一)历史;(二)诗;(三)哲学。这是按照心的能力而分的。因为心的
能力也有三:(一)记忆;(二)想象;(三)理性。记忆所产生的是史,
想象所产生的是诗,理性所产生的是哲学。这个分类,在今日看来,是
不完全的。因为他只是指他那时代的学问状况而说的。但我们正好借
用他的分类,说明史学、文学、哲学三者的关系的密切。

他把历史分为自然史、人事史,而人事史又分为宗教史、文学史等。

哲学也分为三类:(一)关于神明的;(二)关于自然的;(三)关于
人的。哲学二字的意义,也与现在不同。他所说的哲学,是穷理的意
思,此外又有第一根源的哲学,包括三部的本源的普遍的学问。

诗也不是专指诗歌而言,凡想象假作而叙事的文学都是,不必定为
韵文。

诗与史的关系是很密切的。要考察希腊古代的历史,必须读荷马
的史诗。因为他的诗中包蕴很多的史料。孟子说:"王者之迹熄而诗
亡,诗亡然后《春秋》作。"《春秋》是史,他说诗亡而后《春秋》作,也可见
史与诗间大有关系。即如《诗经》一书,虽是古诗,却也有许多许多的史
料在内。要研究中国古代诗,不能不把此书当作重要的参考书。

郎氏 Lamprecht 谓:"史有二方面:(一)取自然主义的形式
的——谱系;(二)取理想主义的形式的——英雄诗。谱系进而成为编
年史,英雄诗进而成为传记。"这都可证明诗与史的关系密切了。

哲学与史的关系的密切,也很容易证明。譬如老子是哲学家,但他
也是个史学家。因为他是周的史官。班志说:道家出于史官。可见哲
学与史学也是相通的。

倍根之后,孔德、斯宾塞、冯德诸家,各有另立的分类。不过倍根的
分类,与我们以特别有关系的材料,所以借来作史学、哲学、文学的关系
的证明。

四、历史与历史学的关系

以历史为中心,史学可分二部:记述历史;历史理论。

记述的历史的目的,是欲确定各个零碎的历史事实,而以活现的手段描写出来,这是艺术的工作。历史理论的目的,是在把已经考察确定的零碎事实合而观之,以研究其间的因果关系的,这乃是科学的工作。

此外又有历史哲学一项,但从系统上讲起来,宜放置哲学分类之下。

五、哲学与史学的接触点

哲学与历史相接触点有三,即是:哲学史;哲理的历史;历史哲学。

哲学史是以哲学为研究的对象,用历史的方法去考察他,其性质宜列入哲学系统中。哲理的历史,是用哲理的眼光去写历史,是属于史的性质的,但太嫌空虚。历史哲学是哲学的一部分,哲学是于科学所不能之处,去考察宇宙一切现象的根本原理。历史事实是宇宙现象的一部分,所以亦是史学所研究的对象的一部分。

六、哲学与史学的关系

哲学仿佛是各种科学的宗邦,各种科学是逐渐由哲学分出来的独立国。哲学的领域,虽然一天一天的狭小,而宗邦的权威仍在哲学。

科学之所穷,即哲学之所始。两者的性质上区别虽经确立,不容相混了,然而两者的界限,却并未如长江大河为之截然分界。二者之间有一中区,譬如历史与哲学虽各有领域,而历史哲学,便处于二者之间,不能说完全属诸史学,也不能完全属诸哲学。

立在史学上以考察其与哲学的关系,约有四端:

(一)哲学亦为史学所研究的一种对象,史学的对象,系人生与为人生的产物的文化。文化是多方面的,哲学亦其一部分。所以哲学也为史学家所认为当研究的一种对象。

(二)历史观。史学家的历史观,每渊源于哲学。社会现象,史学家可以拿自己的历史观来考察之、解释之。譬如现在的女权运动和打破大家庭的运动,是从什么地方来的,都可以一种历史观察之。马克思的唯物史观,是历史观的一种。他以为社会上,历史上,种种现象之所以发生,其原动力皆在于经济。所以以经济为主点,可以解释此种现象。此外桑西门有知识的史观,以为知识可以决定宗教,宗教可以决定政治。此外还有宗教的史观、算术的史观等等。或谓史学家不应有历史观,应当虚怀若谷的去研究,不可有了偏见或成见,以历史附合己说,才可算是好史学家。或者说史学家应有历史观,然后才有准绳去处置史料,不然便如迷离漂荡于洋海之中,茫无把握,很难寻出头绪来,这话是很对的。史学家当有一种历史观,而且自然的有一种历史观。不过不要采了个偏的,差的历史观罢了。

马克思的唯物史观,很受海格尔的辩证法的影响,就是历史观是从哲学思想来的证明。

(三)就历史事实,而欲阐明一般的原理,便不得不借重于哲学。

(四)史学研究法,与一般理论学或知识哲学,有密切关系。

现在再从哲学方面来考察他与史学的关系:

(一)历史是宇宙的一部分,哲学是研究宇宙一切现象的,所以历史事实亦属于哲学所当考量的对象之中。

（二）人生哲学或历史学，尤须以史学所研究的结果为基础。

（三）哲学可在旁的学问中，得到观察的方法和考量的方法。所以哲学也可以由历史的研究，得到他的观察法和考量法，以之应用到哲学上去。

（四）要知哲学和一般社会及人文的状态的关系，于未研究哲学之先，必先研究时代的背景，及一般时代的人文的状况。所以虽研究哲学，也必以一般史识为要。

（五）研究某哲学家的学说，必须研究某哲学家的传记。

（六）哲学史亦是一种历史的研究，故亦须用历史研究法的研究以研究哲学史。

历史哲学，是研究历史的根本问题的，如人类生活究竟是什么？人类的行动，是有预定轨道的，还有人生是作梦一般的？我们所认为历史事实的是真的呢，还是空虚的？人类背后究竟有根本大法操持一切的呢？还是历史上，种种事实都是无意义的流转，譬彼舟流不知所届呢？人类自有史以来，是进步的，还是退化的？人类进化果然是于不知不识中向一定的方向进行呢，还是茫无定向呢？国家民族的命运及其兴衰荣枯，是人造的，还是人们无能为力的？种种事实，纷纭错杂，究竟有没有根本原理在那里支配？这都是历史哲学的事。因为用科学的方法去研究，只能到一定的程度为止。科学所不及的，都是哲学的事了。

七、史学、文学、哲学与
人生修养的关系

我们要研究学问，不是以学问去赚钱，去维持生活的，乃是为人生修养上有所受用。文学可以启发我们感情。所以说，诗可以兴，可以怨。文学是可以发扬民族和社会的感情的。哲学于人生关系也切。人们每被许多琐屑细小的事压住了，不能达观。这于人生给了很多的苦痛，哲学可以帮助我们得到一个注意于远大的观念。从琐屑的事件中解放出来，这于人生修养上有益。史学于人生的关系，可以分知识方面与感情方面二部去说。从情感方面说：史与诗（文学）有相同之用处，如读史读到古人当危急存亡之秋，能够激昂慷慨，不论他自己是文人武人，慨然出来，拯民救国，我们的感情，都被他激发鼓动了，不由的感奋兴起，把这种扶持国家民族的危亡的大任放在自己的肩头。这是关于感情的。其关于知识方面的，就是我们读史，可以得到一种观察世务的方法，并可以加增认知事实和判断事实的力量。人名地名，是不甚要紧的，能够记得也好，不记得也不妨事的。二者帮助人生的修养，不但是殊途同归，抑且是相辅为用。史学教我们踏实审慎，文学教我们发扬蹈厉。

此外历史观与人生观亦有密切的关系。哲学教我们扼要达观，二者交相为用，可以使我们精神上得一种平均的调和的训练与修养，自马克思经济的历史观把古时崇拜英雄圣贤的观念打破了不少。他给了我们一种新的人生观，使我们知道社会的进步不是靠少数的圣贤豪杰的，乃是靠一般人的。而英雄也不过是时代的产物，我们的新时代，全靠我们自己努力去创造。有了这种新的历史观，便可以得到一种新的人生观。前人以为人们只靠天、靠圣贤豪杰，因此不见圣贤出来，便要发出"前不见古人，后不见来者。念天地之悠悠，独怆然而涕下"的叹声；因此生逢衰乱的时代，便发出"昊天不吊"或"我生不辰"的叹声。在此等叹声中，可以寻知那听天认命的历史观影响于人们的人生观怎样大了。现在人们把历史观改变了，这种悲观、任命、消极、听天的人生观，也自然跟着去掉，而此新的历史观却给我们新鲜的勇气，给我们乐观迈进的人生观。

　　从前的历史观，使人迷信人类是一天一天退化的，所以有崇古卑今的观念。中国如此，西洋亦然。他们谓黄金时代，一变而为银时代，更变而为铜时代、铁时代，这便是说世道人心江河日下了。这种黄金时代说，在十七世纪时为一班崇今派的战士攻击的中心。当时，今古的争论极烈，一方面说古的好，他方说今的好，倍根等都是赞成新的、崇尚今的。他们说：以前的圣贤的知识，并不如我们多，今世仍旧可以有要圣贤豪杰的。二相争甚烈，在法、意等派因都有极烈的争论。诗人的梦想多以前代过去的时代为黄金时代。中国的"采薇"、"获麟"诸歌和陶渊明一流的诗，都有怀思黄、农、虞、夏的感想。黄、农、虞、夏之世，便是中国人理想中的黄金时代。新历史家首当打破此种谬误的观念，而于现在、于将来努力去创造黄金时代。因为黄金时代，总是在我们的面前，不会在我们的背后。怀古派所梦寐回思的黄金时代，只是些草昧未开、洪荒未调的景象，没有什么使我们今人羡慕的理由。我们试一登临那位时先生在过去世代的无止境中，为我们建筑的一座经验的高楼，绝顶可以遍历环绕我们的光荣的过去的大观，凭着这些阶梯，我们不但可以认识现在，并且可以眺望将来。在那里，我们可以得到新鲜的勇气；在那里我们可以得到乐天迈进的人生观。这种愉快，这种幸福，只有靠那一班登临这座高楼的青年们，长驱迈进的健行不息，才能得到。这是史学的真趣味，这是研究史学的真利益。

史 学 概 论①

我们研究史学，第一先要研究的就是：什么是史？

在中国能找出许多关于史的材料来，什么《史记》咧、《汉书》咧、《三国志》、《资治通鉴》、《念四史》……在西洋也可以找出什么《罗马史》咧、《希腊史》咧等等的书。这类的书就是史吗？

这类的书，固然浩如烟海，但这不是史，而是供给吾人研究历史的材料。从前许多的旧历史学家，都认这是历史。其实这是研究历史的材料，而不是历史。历史是有生命的、活动的、进步的；不是死的、固定的。

吾人研究有生命的历史，有时须靠记录中的材料。但要知道这些陈编故纸以外，有有生命的历史，比如研究列宁，列宁是个活人，是有生命的。研究他，必须参考关于列宁的书籍。但不能说关于列宁的书籍便是列宁。

明白了这点，那历史和历史材料的异点，便可以知其大概了。

我们再讲历史学的发展。历史学是起源于记录。英文的史字（History）是问而知道的意思；德文的史字（Geschichte）是事体的意思。发生事件而记录起来，这是史学的起源。

从前历史的内容，主要部分是政治、外交，而活动的事迹完全拿贵

---

① 本文是 1923 年 10 月李大钊在上海大学所作的学术演讲，发表于 1923 年 11 月 18 日《时事新报》副刊《学灯》，署名李守常。

族当中心。所以福理曼（Freeman）说：过去的政治就是历史，历史就是政治。他把政治和历史认成一个，不会分离。

这样解释历史，未免失之狭隘。历史是有生命的，是全人类的生活，人类生活的全体，不单是政治，此外还有经济的、伦理的、宗教的、美术的种种生活。他说历史就是政治，其余如经济、宗教、伦理、美术的种种生活能说不算是人类的生活吗？可以把它们放在历史以外吗？

及后到了马克思，才把历史真正意义发明出来，我们可以从他的唯物史观的学说里看出。

他把人类生活作成一个整个的解释，这生活的整个便是文化。

生物学当然是研究生物的，植物学当然是研究植物的，人类历史也当然是研究人类的生活，生活的全体——文化的了。但文化是整个的，不可分离。譬如这座楼，可以分出楼顶、楼身和基础来。假使基础摇动，楼身、楼顶全得摇动。基础变更，楼身、楼顶也得跟着变更。文化是以经济作基础，他说有了这样的经济关系，才会产生这样的政治、宗教、伦理、美术等等的生活。假如经济一有变动，那些政治、宗教等等生活也随着变动了。假使有新的经济关系发生，那政治、宗教等等生活也跟着重新建筑了。

他不但发明文化是整个的，他并且把历史和社会的疆域分开。他说：人类的社会，按时间的，纵起来看是历史；按平面的、空间的，横起来看是社会。他又说历史是"社会的变革"。不但过去的历史是社会的变革，即是现在、将来，社会无一时不在变革中。因为历史是有生命的、活动的、进步的而不是一成不变的。历史的范围不但包括过去，并且包有现在和将来。

至于什么是历史学家的任务，希腊的历史学家后世称为"历史之父"的希罗陀德（Herodotus）已经告诉过我们：

一、应当整理记录，寻出真确的事实；

二、应当解释记录，寻出那些事实间的理法。

据此，历史学家的任务，是在故书篓中，于整理上，要找出真确的事实；于理解上要找出真理。但同是一个事实，人人的解释各异。比如实在的孔子过去了，而历史的孔子，甲与乙的解释不同，乙与丙的解释又不同，昔人与今人的解释又不同。人人解释既然不同，他整理以后，找出来自以为真确的事实，当然又不同了。

须知历史是有新鲜的生命的，是活动的、进步的，不但不怕改作和重作，并且还要吾人去改作重作。信手在我们中国历史里边找出几个例来看：

一、在中国历史神话期中，说我们的衣服器具有许多是半神的圣人，给我们在一个相距不远的时代一齐造出来的。这样记录，我和在座诸君在十年或二十年前或者都以为是真实的。现在我们若拿新的历史眼光来看，知道那些记录完全是荒谬的。现在借着科学的知识，发明一种新机器，也得费若干年月，在那蒙昧时代怎能这样迅速！

据人类学家，考察人类的起源，是因人从前有四条腿，和别的动物一样。女性的人，怕他的孩子被他兽残杀，乃习用其前足抱子而奔。人是这样渐渐的进化，才成了用手用胸用两足走路的动物。人类渐渐的站起来用足走路以后，腹部因蔽体的毛稀薄，感畏风寒，乃渐取树叶遮盖；后来旁的地方怕受风寒，也会想法去遮盖了。这就是衣服的起源，由树叶到衣服的进步更不知道经过了多少年月！

由茹毛饮血的生活而渐进于游牧的生活，由游牧的生活而进于畜牧生活，而进于农业生活，手工业的生活，机器工业的生活，这里边有很悠久的历史，并不会一时得到的。我们现在根据进化论去解释这些记录，比在数十年前的观念已大不同了。

二、中国古代的姓，如妫、姞、姬、姜等字，都从女旁，这些字何以都从女？前人的解释，多谓人因地而得姓。例如某某的母居姜水，故姓姜；某某的母居于妫水，故姓妫。但由我来解释，不是这样。我以为妫水、姜水的地方，是因人而得名的。因为有姓姜的在那里居住，所以名为姜水；有姓妫的在那里居住，所以名为妫水。姜、妫的姓都从女旁，是因为那个时候，是母权时期，所以子从母姓。我们再就社会的现状观察，姓张的村子，叫张家村，姓李的庄子，叫李家庄，都因所在的姓氏而得名，决不是因为住在张家村才姓张，住在李家庄才姓李的。那些妫水、姞水、姬水、姜水的名称，也因为古代的人好临水而居，那水也就各因其姓氏而得名了。

我们拿着新的历史眼光去观察数千年前的故书陈籍，的确可以得着新的见解，找出真确的事实。

三、就近二十年来河南所发现的古物，更可以断定旧日史书的虚伪。中国经济学上的名词多从贝，如货字、买（買）字、贾字等都从贝。按历史学家考察，最古的时期中经过一种靠贝为生活的时期。中国旧史的记录的：中国在太昊、神农时，已有金属铸造货币。但现在按河南发现的龟版文字，一为考察，那些上面所刻的字，并无从金边的字，而只有从贝的字。果然当时已是用金器时代，何以不能发现一个金字？

中国古书固然伪的很多，然在较为可靠的《书经》的《商书》篇亦是说"具乃贝玉"，当时贝玉并称，而不说具乃金玉。果然当时已有金属制造品，何以在殷代以前不发现一个"金"字？

到了后来《诗经》上才发现许多"金"字，往往"金"、"玉"并称，便有"金玉其相"一类的话了。

就此可断定，旧史所纪是虚伪的。在殷代以前，还是靠贝的生活，还是石器时代；殷代以后到了周朝，才入了铜器时代，才有金属的制造品了。

这样的例举不胜举，我们按这许多例，可以断定往日记录有许多错误，是可以改作重作的，是必须改作重作的。但是我们所改作的重作的，就敢断定是真实的、一成不变的吗？历史是有生命的，僵死陈腐的记录不能表现那活泼泼的生命，全靠我们后人有新的历史观念，去整理他，认识他。果然后人又有了新的理解、发明，我们现在所认为新的又成了错误的，也未可知。我们所认为真实的事实，和真理的见解并不是固定的，乃是比较的。

希腊历史学家格罗忒（Crote）出，又有人说，他的希腊史比希罗陀德的好，第一因为希氏缺乏批评精神；第二因为希氏喜欢什么，便注意什么真实。但我们要说公平，他所注意的未必是对，在希罗陀德时代，能够得到那样结果，已经很难的了。我们不能因见了格罗忒，便来菲薄希罗陀德。格罗忒的《希腊史》果然就是最完全的吗？这也不过是比较的真实的罢了。

所以历史是不怕重作改作的，不但不怕重作改作，而且要改作重作，推翻古人的前案，并不算什么事，故吾人应本新的眼光去改作旧历史。很希望有许多人起来，去干这种很有趣味的事，把那些旧材料旧记录，统通召集在新的知识面前，作一个判决书。

从前的孔子观念，是从前人的孔子观，不是我们的孔子观。他们的释迦观、耶稣观，亦是他们自己的释迦观、耶稣观，不是我们的释迦观、耶稣观。他们本着迷信为孔子、释迦、耶稣作传，辉皇孔子、释迦、耶稣为亘古仅有天纵的圣人，天生的儿子，说出许多怪诞不经的话。我们今日要为他们作传，必把这些神话一概删除。特别注重考察他们当时社会的背景与他们的哲学思想有若何关系等问题。历史原是有生命的，不是僵死的；原是进步的，不是固定的。我们本着新的眼光去不断的改作重作，的确是我们应取的途径了。

以上的话归结起来：记录是研究历史的材料。历史是整个的、有生命的、进步的东西；不是固定的、死的东西。历史学虽是发源于记录，而记录决不是历史。发明历史的真义的是马克思，指出吾人研究历史的任务的是希罗陀德。我们研究历史的任务是：

（一）整理事实，寻找它的真确的证据；

（二）理解事实，寻出它的进步的真理。